U0319647

从相识到成交

销售冠军的进阶销售四步法

王法 —— 著

From Acquaintance to Make A Deal

Advanced Four Steps of Sales Champion

化学工业出版社

·北京·

内容简介

本书在介绍销售人员如何保持良好状态的基础上，展开介绍从相识到成交的四个步骤（客户愿意和你说话、客户愿意听你说事、客户愿意听你介绍、客户愿意向你购买）以及在与客户打交道的整个过程中保持融洽氛围的具体技巧和方法，包括心锚的设定、快速建立可信度、激发客户好奇心、良好的肢体运用、同步客户节奏、建立专业形象、形成长期信任等，同时通过一些案例描述，让销售人员掌握这些方法，使销售过程沿着四个步骤逐步前进，增加销售的成功率，给初入销售行业的从业人员带来切实有效的帮助。

图书在版编目（CIP）数据

从相识到成交：销售冠军的进阶销售四步法 / 王法著. —北京：化学工业出版社，2021.5（2022.10重印）
ISBN 978-7-122-38547-5

Ⅰ.①从…　Ⅱ.①王…　Ⅲ.①销售-方法
Ⅳ.①F713.3

中国版本图书馆CIP数据核字（2021）第030044号

责任编辑：刘亚军　　　　　　　　　文字编辑：贾全胜　陈小滔
责任校对：宋　夏　　　　　　　　　装帧设计：史利平

出版发行：化学工业出版社（北京市东城区青年湖南街13号　邮政编码100011）
印　　装：大厂聚鑫印刷有限责任公司
710mm×1000mm　1/16　印张10　字数160千字　2022年10月北京第1版第2次印刷

购书咨询：010-64518888　　　　　　售后服务：010-64518899
网　　址：http://www.cip.com.cn
凡购买本书，如有缺损质量问题，本社销售中心负责调换。

定　　价：68.00元　　　　　　　　　　　　　　版权所有　违者必究

序

在美国管理协会（AMA）进入中国的20多年里，我们一直致力于将先进的管理思想带入中国，服务于千千万万的中国企业以及个人，成为大家的伙伴。

中国市场蓬勃发展，从2010年起中国GDP已经位居全球第二，各行各业都在迅速发展壮大中。无论哪种行业，销售永远是一个永恒的话题。如何能把自己公司的产品和服务提供给客户，给客户带来实际的帮助和价值，是每个公司都面临的挑战。因此，帮助AMA的客户提升销售能力一直是我们努力的方向。

王法先生2018年加入AMA后，我经常与他讨论关于销售的话题，他不仅销售经验丰富，更重要的是他能够从问题的本质出发，看到深层次的原因。比如，销售人员缺乏建立可信度的方法、产品FAB话术设计不够系统很难打动客户、如何屏蔽竞争对手而不是指名道姓地打击竞争对手等。这些问题也许正在困扰着一线销售人员以及一些从事销售工作的管理人员。王法先生总是在项目中引导客户找到本质原因，做出客户需要的工具并且能够落地地解决问题，从而得到客户的高度认可。

我一直鼓励AMA的优秀顾问们把自己对于行业的理解结合实践经验写出来，给更多的人带来启发。王法先生的新书《从相识到成交——销售冠军的进阶销售四步法》就结合了他的实际经验以及理论基础，其中的具体技巧与方法可以解决刚才我提到的问题。书中的案例全部来自实战，并且用通俗易懂的语言将方法论结合案例呈现出来，一定会给从事销售工作的朋友们带来帮助。

祝贺王法先生，衷心期望这本书能够给更多的朋友带来帮助和启发，这也是AMA所有同事们努力工作的目的和意义，祝大家成功！

美国管理协会（中国）总裁

Peter Kao

前言　From Acquaintance to Make A Deal
Advanced Four Steps of Sales Champion

　　各位亲爱的从事销售工作的朋友们，首先祝贺你从事了一份充满挑战和机遇的工作。在面临挑战与机遇的同时，销售工作让人进步最快、成就感最强，也可以带来相应的高回报。

　　现代社会中，销售的概念早已被扩大化，我们在生活和工作中无时无刻不受到种种销售行为的影响。因为供小于求的时代已经一去不复返，从以前的只是介绍产品、搞好客户关系就能实现销售，到现在的赢得客户信任、成为客户离不开的合作伙伴的方式以取得持续稳定的销售，这些变化对我们的综合素质与能力提出了新的要求。

　　由此可见，如何让客户从不讨厌你，愿意和你说几句话，到对你有一些兴趣，听你多介绍几句，从和你只谈官话一直到愿意和你无话不谈，成为真正的合作伙伴，这就是一个销售高手必须要拥有的能力。

　　这个过程就像进阶的台阶一样，如何能够一级一级地踏上台阶，让客户从喜欢你到信任你，再到离不开你。我们在这个过程中的探索、努力和提高，也是销售这份工作的魅力所在。

　　我要给大家介绍的一些具体方法就是让你与客户的关系可以沿着台阶一级一级地向上移动。

　　身为销售人员的你，是否有过一些这样的困惑：

　　我坚信我的产品可以给客户带来价值，但是与客户打交道的第一步就受到了阻碍，鼓足勇气敲开了重要客户办公室的门，但是客户似乎并没有时间和兴趣跟我进行交流，以至于我根本无法向客户展示我的产品及其价值。

　　当我用了好大的力气约到了客户的几分钟时间，想运用好这几分钟时间进行有效的拜访，给客户好好介绍一下我的产品，结果发现客户心不在焉，似乎只是出于面子和礼貌，等我说完之后就让我离开，而我再想见到他似乎很难。

有了机会能介绍产品之后，却发现自己只会干巴巴地介绍产品，客户没有表现出太大的兴趣。偶尔运气好，完成几单销售之后，却发现客户流失很快，很难遇到有重复性的购买等各种各样的问题。

但是有一些销售人员，客户好像就喜欢和他们打交道，与他们相谈甚欢，销售似乎对他们来说是一件很容易的事情。这些销售人员是如何做到的，这里的原因究竟是什么？这也是我在思考的一些问题，想通过对这些问题的探索，给从事销售工作的朋友们带来一些帮助，让销售可以变得相对容易和简单，能够实现销售的最高境界"润物细无声"，让大家轻松完成指标，收获很好的收入。

回想我自己将近20年的销售经历，有一些这样的感受，就是一般认为销售只要能说会道、巧舌如簧就可以完成销量，但真正在这个行业里面的我们心里很清楚，这是对销售非常片面的理解。

销售看似简单，实际上是要求非常高的一份职业，它要求一个良好的销售人员必须具备非常高的沟通能力、专业能力以及敏锐的人际敏感度，还要求销售人员要懂心理学、消费者行为学、社会学、营销管理等多个学科的知识。只有具备了这些方面的理论基础，再加上不断地思考、演练，才可以让一名销售人员从一个销售新手，一步一步成为一名顶尖的销售能手。

俗话说得好，"千里之行，始于足下"。如何做好销售的第一步，就是我写这本书的主要原因和目的，我希望这本书能够给初入行的销售人员带来一些成为顶尖销售人员的基本技能。因此，本书将从以下三方面展开内容，帮助大家去了解什么样的销售人员是客户最喜欢合作的：

第一方面是如何使自己保持良好状态。因为销售是一个必须保持良好状态的工作，你的状态好坏直接影响着你的销售业绩。

第二方面是教给大家如何能够了解客户购买的四个心理阶段。它类似于刚才介绍的分四步的阶梯，分别是客户愿意和你说话、愿意听你说事、愿意听你介绍以及愿意向你购买这四个阶段。销售人员在不同的销售阶段应当注意哪些要点，我会分别介绍一些方法和工具，来帮助大家能够沿着这四个阶段不停地向前推动。

第三方面是在整个销售过程中如何与客户始终保持融洽氛围。因为是否能够保持融洽氛围，将在很大程度上决定销售人员与客户打交道的结果。

通过这些内容的学习，使销售人员充分掌握这些重要但经常被忽视的技巧，使自己的能力得到提高，销量得到提升。不论你是刚进入销售行业的新手，还是已经有了一定销售经验的销售人员，相信都可以从本书中学到一些实用有效的技巧。再结合自己的实际经验，给实际销售能力带来提升，成为一个客户更喜欢的人，从而提升你的销售业绩。

本书也适用于那些想通过提升自己与人打交道的能力来增加自己影响力的朋友。因为现代社会中任何想法以及影响力的增加都源于自我销售，而自我销售离不开本书所介绍的一些方法。

作为一名优秀的销售人员，无论你是面对多种购买影响者的复杂性销售，还是直接面向消费者的消费品类型的销售，我们都希望能够让客户喜欢上自己，从而愿意跟我们打交道。

就像你遇见了一名心仪的约会对象，你想与他/她进一步发展的话，我们首先要做到的是让你心仪的对象愿意和你说话，这是一个很重要的前提。如果刚开始的表现就让对方觉得不愿意跟你多交流，显然你是没有机会进行深入交流和发展的。

做到第一步仅仅是一个良好的开端，它并不能保证你能够和你的心仪对象有进一步发展的机会。就像我们通常用来形容两性之间美好关系的一句话：

爱一个人，始于颜值、陷于才华、忠于人品。

这句话是指在喜欢上一个人的时候，一开始是喜欢上那个人的外貌，真正爱上那个人是因为他的才华和能力，而最后想长相厮守的原因是那个人的品德。

我们与销售对象打交道的过程跟这个过程高度类似。始于颜值，就是说销售对象看到你不觉得讨厌而愿意跟你打交道。陷于才华，是指开始打交道之后，客户就会判断你的专业能力如何，能不能给他带来帮助，就类似于你可以有机会展示自己的才华。忠于人品，指的是仅仅有才华是不够的，因为还要从长时间段来看你所展示出来的人品，也就是诚信、正直等方面是否能够得到对方的认可，得到认可之后，你就可以和销售对象进一步发展出稳定的关系。

既然是这么有意思的一个过程，那就让我带着你一起用开心和轻松的心态进入本书的学习，希望能够让大家在学习的过程中，体会每一步的重要意义以及一步一步向前移动的方法，最终和你的销售对象做到"始于颜值、陷于才华、忠于人品"吧！

目 录   From Acquaintance to Make A Deal
Advanced Four Steps of Sales Champion

No. **1**

第一章
始终保持良好状态

From Acquaintance
to Make A Deal
Advanced Four Steps of Sales Champion

一、最伟大的销售人员如何保持良好状态

销售是一个对状态要求十分高的行业，能否保持良好状态首先会影响你的个人心态，其次会影响你在客户面前的表现，客户也会受到你状态的影响，从而影响客户是否愿意和你打交道。

试想这样一个场景，你作为一名客户，今天有一名销售人员经过电话邀约要来拜访你，你在内心当中会对这名销售人员有什么期待？

我想你一定设想出一位衣着整洁、专业、热情的销售人员吧？时间到了，你的办公室响起了有礼貌的敲门声，你说："请进。"

办公室门推开后，你看见了一位穿着整齐的职业装、头发干净整洁、面带自信微笑的人给你打招呼："王先生您好，我是某某公司的业务代表小李，这是我的名片。"然后双手把名片递给了你。你说"请坐"之后，他表示出感谢然后才坐下。

这样一个开场是不是你就会有一些喜欢他，而且愿意和他多交流呢？

设想一下，如果换成一个死气沉沉、面无表情的人前来拜访你。这个销售人员脸上没有一丝表情，不知道是受了多大的打击，开口说话一点也不讨人喜欢，没有经得你的允许就自己坐下，总之让你有一种很不舒服的感觉。遇见这种销售人员，你只希望让他快点离开，不要影响自己的心情。

大家都知道"首因效应"，也就是你给别人留的第一印象会决定你在别人心中的印象，以及别人是否愿意和你继续交往。因此，与客户见面状态的好坏将会很大程度上决定销售业绩。

我们首先来看一看世界上伟大的销售人员都是怎样来保持自己的状态。

世界上伟大的销售员之一乔·吉拉德，曾经连续 12 年保持汽车销售纪录，连续 12 年平均每天销售 6 辆车，总共推销出去 13001 辆雪佛兰汽车，至今无人能破其纪录。他经常用这些语言来让自己保持良好的状态：

① 我喜欢我自己，我热爱我自己。

② 我是全世界最顶尖的人，我是全世界最有魅力的人！

③ 我能在任何时间、任何地点推销任何产品给任何人。

④ 凡事立即行动。

⑤ 凡事我决定要做就一定能赢，而且一定会赢。

⑥ 我是负责任的。

⑦ 我每天都有新的进步。

⑧ 今天是多么美好、灿烂、辉煌、高效的一天，处处充满爱、智慧、希望、机遇与力量。

⑨ 我是全世界最有自信、最有毅力、最有说服力的人。

⑩ 我每天都神采飞扬，我拥有成功的习惯。

⑪ 我的收入每年以十倍以上的速度增长。

乔·吉拉德说："当你不断复习这些自我确认语句时，这些语句就在你的脑海中倍增 100 万次以上，而且永久不忘！每天不停地暗示自己，你就会朝着暗示的方向发展。"

大家千万不要认为这些方法好像挺幼稚的，这不就是自己骗自己吗？其实不是的，心理学已经证明，经常性的心理暗示会让自己的心理达到某种心理状态，所以经常运用心理暗示的方法一定会让你向积极的良好状态发展。

除了乔·吉拉德这些自我激励的语言以外，还有一本非常有名的关于销售人员保持良好状态的书籍——《世界上最伟大的推销员》，这本书中那十卷脍炙人口、智慧隽永的羊皮卷，让全世界成千上万的商界人士受益。这些人每天早、晚诵读三遍，据说持续诵读这十卷羊皮卷一年后，就会发生脱胎换骨般的改变。事实上，这也是自我确认的方法。

以上这些是我们经常进行确认以及自我激励的方法，可以用于相对长期的自我心理修炼。销售人员每天还要进行很多的客户拜访，就要求我们能够在短时间内迅速将自己的状态调整到最佳。那么，如何让自己能够在拜访客户的时候保持良好的状态呢？

下面给大家介绍一些方法。

我们在进行实际销售工作的时候是不是也会有一些这样的经历：在拜访客户之前，如果自己刚从拥挤的地铁或者公交车上下来，天气又很热，人的状态真的会很不好，而在这种情况下要是去拜访客户一般不会取得很好的效果。因此，要想办法使自己迅速恢复到良好的状态之后才能去拜访客户。

我当时有一个习惯，在夏天天气很热的时候，到了客户楼下之后，我不会急于上楼，而一定会找一个相对凉快和安静的地方，买一瓶冰镇的冰红茶，几口喝下去，真的是感觉到了广告片里面宣传的那种效果，一下子感觉畅快之极，仿佛从内心深处彻底安静了下来。接下来整理一下衣服和头发，精神抖擞地去敲开客户办公室的门。

试想一下，如果你自己是一头大汗，有时候会被外界环境干扰了你的思绪，显得心浮气躁，这样出现在客户面前，你要是客户的话愿意和这样的销售人员多说话吗？一定是不会的。

因此，管理好我们在和客户见面时候的状态就显得非常重要，而且要能够快速地调整到自己的最佳状态。

接下来介绍一些保持良好状态的方法供大家参考和使用。

有一部电视剧里面有一个女主人公，她从事的是市场总监的工作，每天面临着复杂的办公室斗争。她不但要和与自己作对的销售总监斗智斗勇，还要和挑剔的客户进行沟通。要想让自己的市场策略以及市场活动得到销售部门和外部客户的认可，这可真不是一件容易的事情，相信做过市场工作的朋友们都会有这样的感受。

销量好的时候还好说，销量不好的时候，市场部经常会遇到一些来自各个部门的挑战，说你的市场策略有问题、活动设计不够新颖、根本无法吸引客户等，总之是一个挑战很大的工作。而这位市场总监，每当她的状态不好的时候，她都会有这样一个习惯，就是拿出一支棒棒糖含在嘴里，闭上眼睛，坐在椅子上放松自己，过一会儿就可以恢复良好状态，再全身心地投入工作中。

有一次，一位重要客户要来公司和她讨论一个重要的市场策划方案，在客户来之前，她在和销售团队开一个会议。

在这个会议上有一个销售总监，强势的有些不讲道理，因为销售业绩没有达标，于是就联合自己的下属一起针对市场部发难，把所有的问题都归结为市场活动没有效果，其实根本没有正视自己存在的客户覆盖率不够等问题。

大家可以想象这位市场总监在会议上受到的挑战，要不断地回应各种刁钻的问题，还要让大家认可和支持自己的市场策略。会议结束的时候，她有一些疲惫，状态不太好。

而此时距离重要客户来访时间就剩下不到二十分钟了，她的助理也在提醒她这件事情。

她回到了自己的办公室，拿出了一支棒棒糖含在嘴里，坐在椅子上闭目养神。过了十分钟左右，她的助理敲门进去的时候，看见她精神抖擞，已经恢复了很好的状态。助理就问她怎么恢复得那么快，只见这位市场总监举起棒棒糖说了一句：这就是我的独门武器！

这个环节给我留下了很深的印象，因为这和我接下来要介绍给大家调整状态的方法具有很强的关联性。

（一）上进状态与堕落状态

我们在做销售工作时，不妨准备一些写有自我暗示语的卡片，以备随时拿出来默念。一旦开始改变自己的心理状态，很快就会发现自己变得乐观、自信并充满活力。那些自我确认的话，只要输入我们的潜意识中，就会立刻奏效。

除了可以用这些方法进行自我激励，我还会推荐大家另外一种方法叫作通过神经语言程式（Neuro-Linguistic Programming，NLP），让自己始终保持良好的状态。

人的状态有两种，一种是"上进状态"。该状态就是利用内心力量来追求重大的成就，是我们销售人员每天应该保持的状态。

我们都有过以下这些感受。

在我们是学生的时候，有的时候学习状态特别好，怎么学都不累，而且头脑清晰，思维敏锐，解题时有如神助，学习效率超高，这个时候简直停不下来，一看表已经凌晨两点了都毫无察觉。

喜爱体育运动的朋友们也都有过类似的体会。在状态好的时候，无论是踢足球、打篮球或者打羽毛球，感觉自己对于球路的判断有着超常的感觉，无论足球的停球、过人到射门，还是篮球的传球、接球到出手投篮，或者打羽毛球的步法、远距离发力以及网前小球的手感，都有着一种无法用语言形容的感觉。总之就是怎么打都很顺手，越打越兴奋。

工作的时候也有过这样的体会，一项工作干完后状态超常，恨不得把剩下的工作一次都干完。

这种特别好的状态叫作"上进状态"，我们在这种状态的时候都很有感觉，从身心愉悦到高效率，都有着特别好的体验。

还有一种状态叫作"堕落状态"。这种状态会让你无法动用内心的力量，且往往会导致我们的失败。

相信我们也都有过这样的感受，同刚才上进状态相反，就是无论是学习、运动或者工作，怎么都提不起精神，而在这种状态下不会有愉悦的体会，当然也会影响我们的效率。

（二）NLP与上进状态的锚定

有些朋友可能看过一部电影《华尔街之狼》，是由莱昂纳多·迪卡普里奥主演的。

这部电影的原型人物叫乔丹·贝尔福特，他是华尔街历史上著名的股票销售经纪人之一，他是这样用神经语言程式（NLP）来使自己保持上进状态的。

他用的是叫"放大锚定作用"的方法：

他使用一种薄荷油鼻喷剂（文中叫"喷喷"）来利用嗅觉进行上进状态锚定，就像我们有些朋友可能听说的一种方法叫下一个"心锚"。

我们都知道大船在海上要想停稳而不被大浪或大风吹走，都会下一个很大的锚固定在水底，以起到固定船只的作用。

就我们的心理状态而言，也可以用同样的方法下一个心锚，用来锚定自己需要时的一种状态。具体步骤如下：

你不必准备、根本不必选择自己希望定锚的状态，你只要等到你完成一笔真正大生意的惊人时刻（或促使你自然跳进绝对确定状态中的任何情况），然后在那一刻、就在当下，你要拿出自己的喷喷，转开盖子，用力地、深深地吸，实际感受薄荷和柑橘盖住嗅觉神经的冲动，感受那种令人愉悦、令人精神振奋的刺激。然后，两手握拳，开始大力挤压，让指甲深深刺进手掌心，到确实感受到那种感觉为止，再用有力却受到控制的样子，大声叫"好"，让大部分的音量都直接对内，对准心窝，在那里产生共鸣。

这样，你就给自己下了一个非常有力的锚，下次要进入销售接触过程前，可以拿来运用，用来调动自己的状态。

下面要说明下锚的方法。

第一步：选择一种状态。

我们要选择一种绝对确定的状态（当然是让你感觉绝对兴奋的上进状态）。

第二步：完成定锚。

你要等待非常特别的时刻，然后拿出你的喷喷，转开盖子，遵照前面说过的步骤，狠狠吸一下，然后双手紧紧握拳，指甲摁进掌心，用有力却受到控制的样子，大声叫"好"。

十秒钟后，喷喷的香气还残留，但最初的冲动已经消散时，重复这种过程一次。

像大家说的一样，这就结束了。你已经锚定在绝对确定的状态中了。

现在，为了安全起见，你可以再重复一次这种过程。你可以在下次完成类似的惊人交易、在第一支定锚上面叠加上第二支定锚时，重复一次，这样做肯定没有坏处，因为两只锚叠加在一起时，只会变得更强而有力。

但是无论如何，即使你只锚定一次，你第一次下的锚也应该非常有力，应该是在即将进入销售接触时下的锚。

为了确保你的锚锁死不动，你在未来大约一个月内，碰到完成让你跃升到绝对确定巅峰状态又特别惊人的交易时，你要拿出另一管喷喷，不断地把一支又一支的锚，堆叠在原有的锚上面，到关系变得极为深入、永远跟你在一起时为止。

简明扼要地说，嗅觉锚定就是这样。

我看过嗅觉锚定在无数人身上发生奇效，他们受到这种锚定的影响，远比我受到的影响深远多了。

大家只要用左鼻孔迅速吸一吸，再用右鼻孔吸一吸，管理你的状态就变得异常简单，就像滴几滴抗过敏眼药水，过敏的血丝就会消除一样。

事实上，上进状态会带来惊人的力量，嗅觉锚定会让人信心满满，让你处在可以利用那种力量的状态中，你已经把自己设定好，几乎可以完成有心想做好的任何事情。

回想起我在做销售拜访时候的冰红茶，以及那位市场总监的棒棒糖，其实起的都是同样的效果。

请各位都设想一下自己在销售过程中是否有这样一种东西，不管是吃的（比如一种巧克力）、喝的（比如一种饮料）、闻的（比如一种香水的味道）或者是触觉感受到的（比如你的名片夹），甚至是你能想到的（比如当时场景下的某一个物体）都可以，用这样的方法把它转化成自己的一个锚定物，每当需要良好状态的时候就可以用它来使自己迅速恢复到良好状态，然后去拜访客户。

当然，这需要不断地重复下锚。为了保持良好状态，请大家找到一个能够作为锚定物的东西，每次处在良好状态的时候都用它下锚，直到这个锚越下越深，在需要良好上进状态的时候就用它激发出你的最佳状态，请大家运用起来吧！

二、正确面对客户的拒绝

在成功地让自己保持上进状态之后，我们就要面对客户去打交道了。

但是与客户打交道不会是那么顺利的，否则销售工作就太容易了。我们还要了解另外一点"顾客的天性就是拒绝"。

因为做销售的人员每天都可能会面对很多次的拒绝，无论是从事电话销售、面对面拜访的销售，或者是医药、快速消费品、IT等不同行业的销售，被拒绝的频率都很高。

每天面对拒绝对销售人员的心理来讲，一定是一个巨大的挑战。

我要告诉大家的是，不必过多担心，因为顾客的天性就是拒绝。

如何处理客户的拒绝呢？在这里有两点告诉大家。

（一）力和反作用力之间的关系

我们和客户在一起交流的场景中，有的时候会给客户一些压力。

这种压力可能来自各个方面，你的眼神、面部表情等肢体语言，或者语音语调，甚至包括距离，等等。

你给的压力越大，你收到的反作用力就会越大。

比如你跟你身边的人现在都举起右手，掌心对掌心，可以逐渐地用一些力，你有没有感到随着用力的增加，你感受到的反作用力，也就是对方给你的力也在增加？这与和客户打交道是同样的道理，也就是你给客户的压力越大，你受到的反作用力就越大，也就意味着你越有可能被客户拒绝。

举个例子，我们都逛过百货商场。

在进入一些店面的时候，我们是不是都有过这样的感觉：当你只是想自己先看一看有没有合适商品的时候，店员却跑过来跟在你的身后，距离比较近，你走到哪里她跟到哪里，这个时候你是什么感受呢？

我想大部分人此时的感受都是想尽快逃离这个场所，就是因为她离你很近，尽管没有交流，不过你感受到了很大的压力，所以你就会拒绝她，拒绝的方式就是尽快离开。

因此，我们在与客户打交道的时候，为了避免被拒绝，要学会采用一些温和的方式，比如通过问一些循序渐进的问题，或者是用给建议的方式与客户交流，让客户多开口说话，而不要让客户感受压力。

只有这样，客户才愿意和你交流。

无论你是商场面对消费者的销售人员，还是做复杂性销售的销售人员，为了避免给客户压力，我们都应该尽量表现出你不是从事销售工作，你的目的不是为了把产品卖给对方。

这是让客户愿意和你说话的重要一点。

下面我分别从两个销售场景给大家介绍一下如何避免给客户压力的具体策略。

销售场景一

如果你是商场的促销人员，你只需要在客户进店的时候微微地点头打一个招呼，表示你看到了他。

先给客户一些自己的空间，让他自己挑选。如果你想和他展开交流关系、开始销售流程的话，按照如下这些步骤：

首先一定不要谈任何关于销售的事情，因为一谈到销售，客户立刻就会警觉，会直接拒绝你。商场销售人员最失败的几句开场话就是：

"请问有什么需要帮助的？"

"我们这个星期进了一些新货，您要看看吗？"

"您是想看西装还是想看夹克？"

"我给您介绍一下吧？"

这些都属于失败的开场销售语言，因为90%的可能会换来客户一句非常冷淡的话："我只是随便转转。"

你就很难继续下去了，这一点我们作为客户都有体会吧，我们大多说过这样的语言来拒绝销售。

作为销售人员，就一定不要再犯这些错误。

该怎样和客户进行有效的开场呢？

我给大家推荐的方式是不要给客户任何销售方面的压力。你可以采取这样的方式，手里随便拿个计算器，让客户感觉你有事情在忙，而不是"虎视眈眈"地盯着他。

然后从客户旁边走过，不要站在他的正前方，从侧面说一句："我可以请教您一个问题吗？"这样就不会给客户任何压力，而且问题是激发好奇心的一个简单有效的方式，这种情况下大多数客户会说"可以啊"。

你接下来可以说："看您今天买了不少东西，是商场有活动吧？"

这个时候客户会觉得你只是跟他闲聊而已，一般情况下他会跟你说话："确实是买了一些东西。"

你就可以继续说："唉，看来我在这里上班是错过了好多的机会呀。"

这样就可以以这种闲聊的方式开场，从而不让客户感觉你有任何销售的压力会给对方。

是否会使用这种方式开场，就是区分一个普通销售人员和一个销售高手的最大区别。

遗憾的是，大多数销售人员会以前面提到的那几种失败的方式开场。

普通销售人员会经常让客户感觉你就是一个销售，而客户的感觉是既然是销售，目的就是卖东西给我，他就会对你有了反抗的心理。

到这里大家也许会问，我只是闲聊就可以了吗？肯定不是的。在闲聊几句让客户打消了对你的怀疑之后，你可以这样进行转换，轻描淡写地问客户一句：

"今天怎么想到来我们店了呢？"

大部分情况，客户如果真有一些需求的话，他会说出来，你就可以进入需求探询的流程，从而开始一些产品介绍了。

但问题是有的客户依然会说"我就是转转"。

这个客户可能有两种情况，第一种是他觉得没有建立起充分的可信度或者安全的氛围，那么你这个时候可以说"转转是挺有意思的，我没事儿也喜欢逛逛""我的很多东西就是在逛的时候买到的"。

另外，可以聊一些你观察到的和客户有关的事情，比如孩子、开什么车、戴了什么饰品等。找机会再次进行转换。

切忌用这样的语言回答："那好吧，您有什么问题随时问我。"这是一句失败的语言，因为这一句也会告诉客户，你还是个销售，你还是在等着把东西卖给他。

所以当你再次转换之后，而客户再次说出"我只是看看"的时候，你就把他交给别的同事吧，因为还有别的顾客去招呼。

第二种情况是客户真的是随便转转。如果是这种情况，建议把他领到你们的打折区，告诉他这里有一些打折的商品，他可以随便看看。你就可以去服务别的顾客了。

销售场景二

如果你是一个从事复杂性销售的销售人员，在刚开场的时候，同样重要的是不可以给自己的客户有任何的压力。

让客户减少压力的一种简单方式，就是让客户开口说话。

任何客户一旦能通过你问的问题打开话匣子的话，他就会非常乐意和你交流，因为他认为跟你交流是一件愉快的事情，而且不会让他感到有压力。

这样他就愿意多说，而我们在这个时候就有机会做一个很好的倾听者，当然不是听完就完，你要在这个过程中特别留心地去判断客户说了哪些细节，在细节中寻找客户需求和销售机会。

我在培训的时候经常给学员讲的一点就是：判断一次拜访是不是成功和有效，最简单的方法是拜访结束之后反思一下，是你说得多还是客户说得多。

如果反思之后的结果是你说的话超过了50%，那么基本上可以判断这次拜访不会是一次很成功的拜访。

说得太多必然让客户感觉有压力，你很难获得有价值的信息，可能很快就会结束。

如何解决这个问题呢？我们要通过问出好问题的方式，让客户多开口说话，这样才是成功的拜访。

这样的方式，客户不会有太多的压力，因为他感觉跟你交流轻松愉快。当然，这需要经过长期大量的专业训练。

本书后面还会介绍一些技巧，帮助你在拜访过程中让客户多说话，比如通过好奇心以及建立可信度等方式来实现。

除了上面提到的方法以外，我再给大家介绍一个小方法，就是通过给客户选择来避免让客户感受压力。

比如，这一次拜访客户时间很短，客户有事要离开，而你想跟他预约下一次的拜访时间，如果关系还不是很熟，客户对你和你的产品也没有那么感兴趣的时候，直接约下一次的时间被拒绝的可能性很大。

建议大家可以用这样的方式试一试，就这样说："王先生，跟您聊天，真的很开心，（停顿）我们应该再找个时间碰面。"

这样的话，你没有提任何的要求，只是建议而已，这样避免被拒绝。

客户一般会说一句："好啊。"

这个时候你再接一句："那我是下周一过来比较方便呢，还是下周四比较方便？"客户因为刚才说了"好啊"，没有拒绝你，所以他一般会给你一个时间让你下次再来拜访他。

用这样的方式得到与客户下一次交流的机会就会大大增加。大家以后在与客户交流的过程中去尝试使用。

关于压力的问题，要做一点补充。

在大家了解了关于压力的内容之后，可能心中会有一个小疑问，就是我们在做销售的过程中，以往有一些经验告诉我们，不是说在成交阶段给予客户一些压力，似乎有利于客户更快地做出购买决定吗？

这一点是有道理的，只是要分不同的情况。

我想给大家补充的是，这个压力是否能够起到积极的作用，会和一个重要的因素相关，就是这个决定的大小。

心理学家已得出结论，关于一些小的决定，适当地给予一些压力，有利于人们更快地做出选择。

举个例子，你要和一个朋友一起吃饭，如果你问他："中午是想吃火锅还是想吃日本料理？"我们经常会得到一个答案是"都可以"。如果在这种选择的情况下给他一点压力，比如你说："1分钟之内快点告诉我，只选择一个。"你会发现往往在这种压力情况下，对方会快速做出一个选择，要么是去吃火锅，要么是去吃日本料理。

再举一个例子，你问一个朋友："你是想坐这里，还是坐在那里呢？"如果对方无法决定的话，你就说："快点决定。"他立刻会做出一个选择。因为这些都是相对不重要的决定，所以在这种场景之下，用给客户压力的方式可以帮他快速做出决定。

与这种简单的选择不同的是，如果对方要做出的是非常重大的决定，比如一些复杂性的销售。复杂性的销售往往金额比较大，涉及各方面的利益比较多，这种场景下会发现，给客户压力不会起到任何积极的作用。而且，在这个时候给客户压力，只会让客户反感，只想快速离开这个压力的环境，不想再继续打交道。

由此可见，关于压力起作用程度大小的问题，我们不可以一概而论。

一定要依据销售产品的价值、与客户的熟悉程度、当时情况等多个因素来考虑并做出选择，是否要使用给客户压力的方法使他快速做出购买决定。

另外，作为一个成熟的高水平销售人员，有很重要的一点要给大家分享，就是销售是一个复杂的过程。

在任何一步，我们都不可以只用1～2个简单的相关因素来判断。

一个成熟的销售人员总是可以在客户要做关键决定的时候，尽量列出多项相关因素，而在不同时期或不同场景，这些不同的相关因素所占的权重也会略有不同。

高水平的销售人员在这方面有特别强的敏感性，能够快速地根据当时的场景和不同的相关因素，采取不同的方式或者策略来达到销售目的。

小结一下关于压力的问题：要想避免客户的拒绝，首先要注意的是力与反作用力的关系，也就是尽量避免给客户压力，否则容易被客户拒绝。

（二）不协调行为

除了刚才提到的力与反作用力的关系，我们尽量不给客户压力，但是在现实情况中好像客户总是给我们一种拒绝的感觉，为什么会有这种感觉呢？

接下来介绍另外一种客户很有可能在销售人员面前展示出来的行为，叫作不协调行为。

什么叫不协调行为呢？你有没有感受过有一些人，经常会否定你的观点，或者在你说出一些有意思经历的时候，他会说他的经历比你的经历更精彩和刺激。这就叫作不协调行为。

不协调行为是人类的一种正常反应，因为人类都有一种倾向，就是证明自己的价值，所以这种行为是正常的。

1. 不协调行为的四种表现形式

不协调行为主要有以下四种表现形式。

（1）表示反对

有的时候，我们说出一个观点，有的人会说"你说的不对！""你说错了！""不是的！"等，直接否定你的观点，这种就叫作反对。

他其实也不一定是恶意，只是为了证明自己的价值。

（2）没有必要的纠正

你和一个工程师去拜访客户，你说："根据你们给我的反馈，公司电脑系统可能每天会有一个小时左右的时间出现故障。"

你们的工程师却说："我刚才仔细看了一下记录，其实真正出故障的时间在 40 分钟左右。"这就是不必要的纠正。

不必要的纠正没有任何意义，这个工程师为什么要这样说呢，主要是他也要证明自己的价值。

同样，客户在和我们沟通的时候有时也会纠正我们，也是为了证明自己的价值。

（3）占上风

我们是否有过这样的体会，当说出一件事情的时候，身边会有一些人立刻表示这其实不算什么，他还经历过一件更加夸张的事情；你给大家描述你见了一个挺有意思的东西，马上会有人说你见过的这个东西简直是小儿科，他见到过的是怎么怎么样；等等。

这种表现同样是他要体现出他自己的价值，而不一定带有什么恶意。

（4）我知道

"我知道"有的时候会阻碍对话。

比如说你去拜访一个客户。客户说："6 月 24 日在上海会有一个展会。"结果你回答说"我知道"。客户会是什么感受呢？

客户可能会感觉你说"我知道"的意思就是让他闭嘴。客户因此会有很不好的感觉，这也增加了你被拒绝的可能性。

我们在与客户说一些信息的时候，客户也会回应"我知道"。因此，我们在和客户打交道的时候，如果感到客户有这样一些不协调行为出现，你不用特别敏感地认为客户是在拒绝你，因为不协调行为是人类的本能。客户在我们面前也要强调他的价值需求，因此这不是拒绝。

我们要能够清楚地判断出，此时只是客户的不协调行为而已，并不是真正在拒绝。掌握了这个概念之后，我们就不会那么轻易受伤。

2.如何避免不协调行为

对销售人员来讲，要能够辨别出在日常销售过程中会不会有不协调行为的出现。

比如跟客户打交道的时候，你会不会也会有反对、没有必要的纠正，以及占上风和"我知道"这种行为出现呢？如果认识自己可能会有一些这样行为的时候，就一定要提醒自己，坚决不可以再出现。这样可以减少客户对我们的拒绝，让客户对我们的感受更好。

如何避免销售人员自己的不协调行为呢？

我给大家的建议是要养成认同客户的沟通习惯。我们在与客户沟通的时候，包括在日常生活中不要去否定别人，也不要出现占上风或者急于证明自己价值的一些想法。

我相信大家自己也有这样的感受，就是有一些人在沟通的时候总是会否定你的观点，突出自己是正确的，从而证明自己的价值。

你对这样的人会有什么样的看法呢？是不是心里会涌出这样一些想法：我不想跟这个人再继续交流下去了，和他沟通让人感觉不舒服。

我身边就有几位这样的朋友，在一起交流沟通的时候，我刚说出了一个观点，他会立刻特别认真地说："你错了！"或者说"你说的不对！"然后说出他的观点。

其实大家都知道在朋友之间相互交流、沟通的时候，有很多事情没有明显的对或错，不过他的这种沟通方式多多少少会让我心里感觉有一些不舒服，因为任何人都不希望被别人否定。当然，我了解他的为人是没有问题的，因此我和他还是很好的朋友，知道那是他的沟通习惯而已。

大家试想一下，如果这位朋友从事的是销售工作，如果他是在和客户交流，尤其是初期与客户打交道的时候（如第一次拜访），当客户说出一个观点后，他说："你错了，正确的应该是……"

客户会是什么样的反应？客户一定不想和他继续交流下去。

因此，我们要避免出现这一类的不协调行为。

大家可以采取这样的方式，就是前面介绍的赞同客户的沟通方法。当沟通对象说完一个观点后，你的第一反应一定不要否定对方，尽量赞同你也认可的观点，如以下对话：

客户：最近行业形势不太好。

销售：是啊。最近我也感觉不太好，您的公司怎么样？

客户：最近行业机会很差，我想我们公司好难啊，一切新的项目都暂停了。

销售：是啊。我也听说了最近行业发展困难的问题。同时，我也有一些自己的看法，请问我可以讲出来吗？

在你认同对方部分观点的时候，先肯定对方，然后在讲出自己观点的时候，一定要注意关联词的使用非常重要，一定要用"同时"，而不是"但是"。

因为对方听到你说的是"但是"，他就会知道你前面这部分赞同可能不是发自内心的，只是表面上附和一下而已，会让他对你有所防备和疏远。

因此，一定要用"同时"这个词，把前后部分转化成为并列关系而不是转折关系，这样客户的接受程度就会高很多。当你养成这样的沟通习惯之后，就会发现越来越多的人愿意和你交流，这也是让客户愿意和你说话中非常重要的一点。

刚才还提到了另外一种不协调行为叫作"我知道"。比如，客户跟你交流了一个信息：

客户：六月份要召开一个我们举办的行业峰会。

销售：我知道。

客户内心独白：好吧，我还是闭嘴吧。我也懒得搭理这个让人讨厌的销售了。

我们要注意的是，你确实知道这个信息，那如何不要用"我知道"，以避免让客户产生一种你想让他闭嘴的感觉呢？我给大家的建议是用一个疑问句来沟通，并且要表现出很有兴趣的样子。你可以这样说：

客户：六月份要召开一个我们举办的行业峰会。

销售：哦，是吗？我好像也听说了，您还有些什么更具体的信息或者计划吗？

客户：当然有，我们有一个最大的展台，还要邀请十多位行业大咖来举办专题讲座等一系列活动，还有……

试想一下，如果你是客户，一定会感觉对面的这个销售人员对自己说的事情很感兴趣，就愿意跟他多说一些，这也是让客户愿意和你说话当中非常重要的一个习惯。

总之，我们在了解了这种不协调行为之后，与客户打交道的时候观察客户的这种行为，就可以判断出客户其实不是在拒绝你，他只是要证明自己的价值。

同时，再三地告诫自己，跟任何人在一起交流的时候，不仅仅是针对客户，包括日常生活中我们和朋友及家人的交流过程中，都要避免这一类不协调行为。

有的朋友也许会问：如果客户说的话我都不赞同，我该如何沟通呢？我不可能昧着良心去说"你说的对"吧？

我非常理解大家的这种观点，因此在本书的后面有一部分内容是专门解决这个问题的，应用的方法叫作"同理心"：我认同你的感受，但是我不一定同意你的观点。具体方法请大家阅读"同理心"部分。

除了销售人员要注意自己不要有不协调行为之外，如何减少客户的不协调行为呢？

我教大家一个简单的方法叫作多问少说。因为你说得越多，越可能带来顾客的不协调行为。我们在日常的销售工作中经常看到销售人员会不停地说，而很少去征求客户的反馈，这样就会让客户有更多的可能去产生不协调行为。我们自己也会有这样的感受，当一个人在你面前说个没完的时候，你确实忍不住想要否定他、纠正他、占他上风或者来一句"我知道"，这些不协调行为其实是被对方逼出来的，因此销售人员一定不要在与客户打交道的时候说个没完，可以通过多问一些问题的方式来更多地征求客户的意见。

另外，增加你的可信度、利用客户的好奇心以及从众心理，都可以减少一些不协调行为的发生，这几种方式会在后面的内容中给大家详细介绍。

通过这些方法学会如何保持最佳状态之后，我们就要进入下一部分内容的学习，就是如何能够沿着与客户打交道的四个阶段逐步推进。

No.2

第二章
客户愿意和你说话

**From Acquaintance
to Make A Deal**

Advanced Four Steps of Sales Champion

在开始第一阶段"客户愿意和你说话"之前，我先给大家介绍一下销售人员与客户打交道的四个阶段（图2-1）。

图2-1 销售人员与客户打交道的四个阶段

我们自己作为客户的时候，会非常愿意和一些销售人员打交道，感觉和他的交流沟通都非常舒适。

也有一些销售人员，你压根就不愿意跟他有任何交流，恨不得立刻离他越远越好。

这个原因在哪里呢？可能包括以下几点：穿着是否合适？肢体语言运用怎么样？说话的语音语调是不是能够吸引客户？会不会积极倾听？是否有一些配合客户的肢体语言动作？

另一个要点是上文提到的同理心。我要告诉大家的是，同理心是一切有效沟通的前提。

注意到这几个要点之后，就可以做到让客户愿意和你说话。

回想前面列举的追求心仪对象的例子，这仅仅是第一关，也就是你的心仪对象不排斥你，愿意和你展开交流，而这一切只是开始。

在客户愿意和你说话之后，接下来对一个销售人员非常重要的，就是客户愿不愿意听你说事。

如何让客户愿意听你说事？

我会教大家一个"有效的销售空间"的概念。有效的销售空间等于客户的时间加上他的注意力。如果客户仅仅是不排斥你，把时间给了你，但是他没有任何的注意力集中到你介绍的产品或服务上，这个就属于无效的销售空间。

我们都有过这样的体会。有的时候，销售人员的介绍非常没有吸引力，你给了他一定的时间，但是他的介绍在你的脑海中没有留下任何印象，这样的销售介绍是没有任何意义的。你所做的就是出于礼貌让他说完然后让他离开，但是不会对购买产生任何影响。

如何能够让客户给我们有效的销售空间呢？

我会教给大家这样的方法：通过激发客户的好奇心，使客户对你介绍的产品或者服务产生好奇。

因为一个产生好奇的人，他一定会愿意听你介绍下去，并且能够全身心地投入。

做到这一步之后，我们就完成了前两步重要的阶段，客户不排斥你并愿意听你说一说。那这样你的产品就可以实现销售了吗？肯定是不够的。

第三阶段叫"客户愿意听你介绍"。

这一部分又有几个重要的问题，比如：可信度能不能迅速地建立；如何在开场的 10 秒钟就让客户愿意和你长时间打交道；是否会运用一系列开放式和封闭式的问题来探寻客户的需求，把他的一些潜在需求转化为主动需求，以及如何把你的产品介绍得有效而精确，同时提供产品价值来满足客户的需求。

最后一步呢，叫作"客户愿意向你购买"。

客户为什么愿意向你购买而不从竞争对手那里买，这有一个前提，就是客户必须进一步信任你和你的公司。

我会教大家一些能进一步增强你的可信度以及公司可信度的方法，从而让客户对你和公司产生充分的信任，或者是提高客户的安全感等方面，让客户顺利地完成购买。

以上就是客户购买的四个心理阶段。我们可以设想一下，如果你在每次销售过程中都能够沿着这四个心理阶段逐步向前推进，一定会提高销售成功率，并且可以使客户成为你的长期合作伙伴。

下面从第一阶段"客户愿意和你说话"开始学习。

可以思考一下，我们在日常生活中会经常与形形色色的销售人员打交道，我们会愿意跟什么样的销售人员说话呢？

说到这里，我想起了在我家附近一个卖水果的小贩，那个市场里有很多家卖水果的小贩，但是我和我的家人都喜欢在他那里购买，这是为什么呢？很简单的一点，就是他每次见面都会特别友善和气地向你微笑，然后打招呼说"来了"，让人内心感觉非常舒适。

在他旁边还有一个小贩，不过他每次总是没什么表情，好像一副"你欠他"的感觉，爱买不买。所以面对这两个小贩的时候，我相信大部分人会选择从那个友善和气的小贩那里购买。

由两个小贩的对比可以想到，我们作为销售人员，每天和客户在一起，客户希望跟什么样的销售人员打交道呢？第一步很重要，首先要做到"客户愿意和你说话"。

怎么理解"客户愿意和你说话"呢？

给大家举一个例子。

比如说介绍对象，如果第一次和一个女孩子见面，那位女生温柔可爱，谈吐不凡，同时知书达理，外形还很漂亮。你特别中意，从内心里非常喜欢，感觉自己运气真好，遇见了自己的理想型，感觉美滋滋的，甚至开始幻想带着她出现在朋友面前那种炫耀的感觉，多有面子啊。

但是回到现实吧，你看上去不修边幅，说话没有任何条理，根本听不懂她的言外之意，只顾着自己说自己喜欢的话题，同时行为没有展示出对对方以及其他人的尊重，试问这样的行为会让这个女孩有什么感受呢？

她肯定认为你是一个让人不喜欢的人，即使你再有才华，你还有机会和她进一步交流以及发展下去吗？

答案显然是不可能的。这就和我们做销售是一样的，如果客户根本没有兴趣继续交流，即使你的产品再好，客户都不会再给你机会。

所以对销售人员来讲，与客户打交道时，要做到的第一步，就是让客户愿意和你说话。

一、客户愿意和你说话的三个要点

在介绍客户愿意和你说话的具体方法之前，我要先给大家介绍与客户打交道的三个关键点，就是要重视客户被尊重的需求、懂得赞美客户以及记住客户的名字。在这三点的基础之上再结合其他的具体方法，就可以做到让客户愿意和你说话。

（一）尊重的需求

随着人们生活水平的提高和物质的极大丰富，供小于求的时代已经一去不复返了。对于很多产品或服务，客户都可以很轻松地找到多种选择，因此消费者或者客户对于尊重方面的需求在显著增加。

我们也有这样的体会，当自己作为客户的时候，如果销售人员一旦表现出任何一点不尊重或者让你有不好感觉的时候，哪怕是一个小小的眼神或者是一个细微的体态语言，你都会立刻感到不舒服，而且你会立刻决定不要从他那里再购买任何东西。

我自己家里就发生过这样真实的例子。

几年前，我父母要搬进一套新房，在基本装修好之后准备开始看家具，因为我们平常工作都比较忙，所以两位老人就自己去家具市场转一转。

有一次，他们去了一家非常有名的家具大卖场，想看个合适的床。在走进一家店的时候，两位促销人员一看进来了两位老人，可能在他们的印象当中，老人的消费能力都很一般，有很多人就是经常来转一转。

当我父母在询问一些关于产品细节问题的时候，她们两个人表现出了一些傲慢以及爱搭不理的态度，尽管不是很明显，但我父母还是能感觉到，所以他们就离开了这家店。

当他们进入另外一家店之后，尽管这家的品牌没有上一家名气那么大，但是这家的销售人员非常热情，而且对老人表现出了充分的尊重，又是倒水，又是热情详细地介绍产品，并且邀请他们试坐，充分感受产品的优点。结果大家可以想到，我父母果断地决定在这家购买了家具。

这个故事告诉我们，如果你流露出对客户任何不尊重的话，那这个客户往往是不会在你这里购买的。因为现在不是卖方市场了，任何产品都面临着激烈的竞争，客户可以很方便地找到替代者。

还有一点启发，就是千万不可以小瞧任何一位客户。

比如第一家店的两位销售人员，她们一定认为老年人基本没什么消费能力，所以对这样的潜在消费者表现出自己的不尊重。作为一个专业的销售人员，我们应当真诚地展示出对每一位潜在消费者的尊重，只有这样才能迎来更多的订单机会。

这就是真实发生的例子。我父母的原话就是她们以为我们不会买，没有消费能力。第二家的销售人员非常尊重我们，让我们感受很好（其实就是满足了他们被尊重的需求），所以我们决定在第二家购买，其实产品质量等各方面也没有太大的区别，就是因为我们喜欢第二家这两个销售人员。

后来，他们去家电大卖场买家电的时候，这一幕又上演了，结果也是一样。

就像我前面提到的一样，我们作为一名潜在客户去购买产品的时候，销售人员有时候体现出那么一丁点儿的不耐烦，或者是语气当中有一点点让你感受不好的时候，你一定不会在他那里购买。

如果销售人员不能很好地表示出对客户的尊重，他的业绩一定不会好。因为在销售中有一个著名的"250定律"，这个定律是由著名的汽车销售大王乔·吉拉德提出的。他说一定要让每一位客户都感受非常好，因为每一位客户背后都有250个潜在客户。如果你得罪了一个客户，就意味着你得罪了他背后的250个潜在客户。这对于销售来讲是非常致命的。这是直接面向消费者的销售。

如果大家做的是复杂性销售，那么展现出对客户的尊重其实更加重要。

复杂性销售和简单性销售的一个很大区别在于，简单性销售往往产品金额不大，销售过程结束后，销售人员与客户之间的关系到此为止的比较多，以后再打交道的机会不多。

复杂性销售就完全不一样。复杂性销售的特点是销售金额大、销售周期长，而且在整个销售过程中，销售人员要与客户从售前、售中甚至到售后一直打交道。从事复杂性销售的销售人员，如果在与客户接触的初期就表现出一些对客户的不尊重，让客户内心感受不好的话，你基本上已经失去了这次生意机会。

因此，要想成为一个好的销售人员，能够时刻体会客户的感受，时刻展示出对客户的尊重，对于销售人员是至关重要的事情。

有的销售人员也许会问，我觉得我很尊重客户啊，为什么客户感受不到呢？

这就涉及许多细节问题，也许有一些细节问题我们没有注意到，但是客户会有感觉。因为客户和你在一起的时候会通过你的行为去判断，小到一个细微的表情都会被客户捕捉到。

接下来，我会从各个方面尤其是细节方面给大家展开介绍。

在与客户打交道的初期，展示出对客户的尊重，从而让客户不反感和你打交道，这样就可以让销售沿着销售流程一步一步地走下去。

（二）懂得赞美客户

我们可能都听说过一句话，叫作"千万不要吝啬自己的赞美"。

我们应该养成赞美他人的习惯，因为从人的心理本质来讲，任何人都有被赞美的需求，适度的赞美会迅速拉近你和客户之间的距离，并且可以让客户敞开心扉。

可以这么说，世界上最华丽的语言就是对人的赞美。

想想我们自己其实也一样，当一个人很喜欢赞美你的时候，你一定会对那个人有好感。赞美他人是一个销售人员应当养成的一种习惯，在赞美的时候，有几个要点要注意。

1. 赞美要真诚

我们能够感觉一个人在赞美你的时候，他是发自内心的，还是出于客套的敷衍。

客套的赞美不仅起不到让客户喜欢你的作用，相反，还会让他会感觉你是一个不够真诚的人。

2. 寻找客户身上的闪光点进行赞美

如果想让客户感受你的赞美是真诚而且是发自内心的话，你就要寻找客户身上的闪光点，最好是与众不同的一些点。

为什么要找客户的闪光点进行赞美呢？因为只有这样才能让客户感受到你是认真的，是发自内心的，而不是用几句可以对很多人说出的同样赞美的话。比如说"你今天真帅""你今天好漂亮""你今天看起来气色真不错"等。

如果你听到这一类赞美的话，会有什么样的感觉呢？听起来感觉是在赞美，但是总感觉缺少了一点什么。

我们通常说的一句话叫作"走心"，而我们都会喜欢与走心的人作交流。

所谓"走心"，就是他确实是用心在观察、在思考，这样的沟通和交流效果一定会好。

什么是"走心"的赞美呢？

回到刚才我们说的这一个关键点，要寻找客户身上的闪光点，而且最好是与众不同的一些闪光点，来赞美客户。

比如说：

"某某先生，您今天的这条暗纹领带，看起来特别帅气，特别搭配您衬衫的颜色。"

"某某女士，您今天围的这条丝巾，质地和颜色都特别符合您的气质。"

如果听到这样赞美的话，是不是会觉得对面的这位销售人员是走心了呢？是不是会对这位销售人员产生特别的好感呢？大部分人会认为是的。

走心的赞美一定比前面那几句没有抓住客户闪光点的赞美效果要好很多。

3. 赞美要适度

我们在赞美别人的时候一定要把握好合适的尺度。

尤其是异性之间，哪些点适合给出赞美，而哪些点不太适合，我们都要有相应的判断。比如，男性销售人员在赞美女性客户的时候，可能说到服饰丝巾就可以了，如果再说客户的皮肤怎么好、发型怎么好、高跟鞋怎么漂亮等，就会给人一种不太舒适的感觉。同样，女性销售人员在赞美男性客户的时候也要把握好尺度，最好关注一下他们的办公用品、办公室环境等，或者赞美一下他们的孩子、生活如何有品位这些方面。至于客户的着装、发型等，我们要把握好尺度，尽量不要产生一些歧义或误会。

另外一点要注意的是赞美的程度。赞美到什么程度，是我们要掌握好的。

因为客户都会对自己有一个自我认知，如人家认为自己可能不是有优点的地方，你非要抓住这个地方去赞美，只会给人非常不好的感觉，让客户感觉你一点都不走心，而且说不定听起来有一种被讽刺的感觉，这对于我们与客户建立良好的关系一定是非常有害的。

（三）记住客户的名字

电影《穿普拉达的女王》里面有一处情节，就是梅丽尔·斯特里普饰演的那个女魔头米兰达，她要参加一场非常重要的聚会，这个聚会上会遇见非常多的重量级嘉宾。

米兰达担心会记不住这些来宾的名字，所以就给自己的两个助理，其中有一个是安妮·海瑟薇饰演的女一号安迪，让这两个助理在参加聚会活动之前，根据一本册子上面的相片记住每一位嘉宾的名字、职位、家庭状况以及一些生活经历。

在她参加聚会的时候，迎面走过来的任何一位嘉宾，当她无法记住这位嘉宾名字的时候，这两位助理就要快速地在她耳边告诉她这位嘉宾是谁、担任什么职位、有过什么样的生活经历这些信息，而这个时候她就可以很自然地与这些嘉宾打招呼，开始聊天和交流。

为什么米兰达一定要能够叫出这些嘉宾的名字呢？就是为了表示出对每一位嘉宾的充分尊重，这和我们做销售的道理是一样的。

大家试想一下，如果你是一位客户，当和你打过几次交道的一些销售人员，见到你或者打电话的时候都会亲切地称呼你为"某某先生""某某女士"的时候，你的内心是不是感觉到了被尊重？自然的，你对这位销售人员会有一些好感，你也愿意同他继续交流。

举一个我自己的例子。我是做培训咨询行业的，会给许多客户进行一些咨询和培训的项目，似乎是以一种老师和顾问的方式出现的，通常来讲，企业的人员都很尊重我们。同样的是，他们也是我们重要的客户，所以我自己养成的一个习惯就是我去培训过的企业，他们的相关业务领导以及人力资源的负责同事，我都会认真地记住他们的名字，在每次见到他们的时候都可以亲切地称呼出他们的名字。

当我每次叫出他们名字时候，对方都很开心。有的时候，他们会说"老师您的记性可真好"，我会说一句"因为你们很优秀很重要啊"。从这样一个简单的对话过程中，我能确实感受到当客户的名字被记住的时候，并且被亲切地叫出来，他们发自内心的开心和喜悦，而这种开心和喜悦来自他觉得受到了尊重。

因此，我们在做销售工作的时候，很重要的一点就是能够记住客户的名字。

尤其是在进行复杂性销售的时候，我们会与客户组织结构当中的多个角色打交道。某些角色，尤其是对于一些过滤者，也就是他们不能决定销售，但他们是关键人物身边很重要的一些人。如果你非常清楚地记得他们的名字，以后每次见面都亲切地喊出他的名字，他一定会对你有好感，可能在关键人物面前有意无意地帮你说几句有利的话。

而这些对你有利的一些语言，对于关键人物对你或公司的良好印象会起到一定的帮助作用。

大家可能在很多经典的电影或电视剧的桥段看到这样的内容，就是一个销售人员想见公司大老板的时候，先要做的一定是能够过了前台这一关。所以他们会有各种各样的方法，让前台给自己提供帮助。试想一下，如果你连前台助理的名字都记不住的话，她会给你提供帮助吗？显然是不可能的。

因此，能够准确地记住客户的名字是让客户愿意和你说话的重要一点，我们一定要留心。

二、客户愿意和你说话的五个工具

在了解了客户尊重的需求、如何赞美客户以及记住客户的名字之后，还要做到哪些可以让客户愿意和你说话？我再深入地给大家介绍五个部分的内容，分别是：

沟通的 55387 原则

积极倾听与配合艺术

同理心的运用

根据客户性格调整沟通方式

自我觉察力的思考

前四个部分是具体的方法和技巧。第五部分是大家在学习了这些内容后，为了能够更好地在实际工作中去运用，我会教大家一种思考方式，教会我们如何将学到的理论与实际工作相结合去进行思考与反思，然后在这个过程中来提升自己的能力。

我们从第一部分开始吧。

（一）沟通的55387原则

什么是55387原则呢？我给大家举一个例子。

有一部电影叫《摘金奇缘》，女主人公叫瑞秋，她是一个典型的ABC（American Born Chinese），也就是在美国出生的第二代华裔女孩，性格开朗。因为她从小受美国教育长大，因此价值观和处事风格都受到美国文化的强烈影响。

瑞秋从小是被妈妈一个人带大的，而她的妈妈是去美国的第一代移民。她妈妈非常不容易，做各种各样的工作把瑞秋养大，供她上大学，使她后来在一所大学里担任教师，工作非常不错。她妈妈也以她为荣。

在这个大学里，瑞秋和男孩尼克一见钟情，尼克也是亚裔，来自新加坡。

两个人彼此感觉非常好，也有着非常深的感情。尼克没有告诉瑞秋的是，其实他的家族是在新加坡排名前三的富豪家族。尼克非常自立，并没有靠家里面给他提供的优越条件，而是靠自己自力更生和瑞秋一起在美国打拼。

有一天，尼克从小到大的玩伴，也是他特别好的朋友，打电话给尼克，邀请尼克回新加坡去参加他的婚礼。

于是，尼克决定带着瑞秋一起回新加坡去参加好朋友的婚礼，同时也想让瑞秋和自己的家人能够见面，让未来的媳妇儿早点见到公公婆婆。

从机场开始就产生了许多有意思的情节，比如瑞秋习惯性地下了车就冲向经济舱办票区域，结果尼克订的是豪华头等舱，从办理乘机手续开始就有专人服务，瑞秋非常惊讶，登机后又享受到了豪华头等舱的服务，包括两人的包间、各种精美的头等舱餐食以及高档红酒等。

瑞秋这时知道了自己这个男友非同小可，自己这一趟新加坡之旅还不知道会发生什么，因此她也做好了发生各种情况的思想准备。

他们回到新加坡后，瑞秋第一次见到了未来的婆婆。在见面的过程中发生了如下的对话：

瑞秋：见到您真高兴，或者我应该叫您"阿姨"，我还在学习这些礼数。

尼克妈妈：我也很开心见到你，可是尼克的爸爸不在，他去上海处理公务了。尼克说你是教师，你教什么呢？

瑞秋：我教的是经济学。

尼克妈妈：经济学，听起来很有挑战性啊，你爸爸妈妈也在学术界吗？

瑞秋：没有，实际上我爸爸在我出生之前就去世了，我妈妈没有上过大学。当她移民去美国的时候，她都不太会说英语。但是我妈妈很努力，她现在是一名非常出色的房地产经纪人。

尼克妈妈：真是一位自力更生的女性，她一定为你感到非常骄傲吧？

瑞秋：她知道我对我的职业很有热情，她也是这么希望的。

尼克妈妈：追求自己想做的，典型的美国作风啊。你妈妈真的是非常开明，不像这里，父母都喜欢给孩子铺路。

对话结束后，尼克的妈妈就去忙别的事情了。

单从这些对话的文字部分来看，似乎没有什么问题。

但是对话场景结束后，瑞秋却给尼克说了一句话：

"她讨厌我（She hates me）。"

她感受到尼克的妈妈表露出了明显的不喜欢她的感觉。

为什么瑞秋会有这样的感觉呢？如果大家看了这部电影，就会注意到见面过程中的细节。在整个对话的过程当中，尼克的妈妈自始至终没有太多地看瑞秋，面部表情一直比较严肃，并且在和她说话的过程中还跑到厨房去，用粤语跟在厨房忙碌的厨师交代了几句话，回来之后背对着瑞秋完成了上述对话。

瑞秋非常敏锐地感受到了这些，所以得出了"她讨厌我"这个结论。

这个故事告诉我们的是，沟通中的文字部分似乎没有那么重要。因为从刚才这段对话来看，文字部分没有显示出任何一点对瑞秋的不尊重。但除了文字以外的部分，也就是瑞秋观察到的尼克妈妈的面部表情、语音语调以及展现出来的肢体语言，推断出"她讨厌我。"

这就是沟通当中的 55387 原则所起的作用。

在沟通的整个过程中，会有三部分内容来帮助我们达到沟通的效果，分别是文字部分、语音语调以及肢体语言。

大家认为哪个更重要呢？如果做一个连线题你会怎么连？大部分人会把文字部分选择 55% 或 38%。

实际的情况却是这样的：文字只占 7%，语音语调占 38%，而肢体语言要占 55%。

大家也许会感到奇怪和困惑，难道文字只占这么小的比例吗？

请大家设想这样一个场景，如果去听歌剧，歌唱家的精彩表演可以把你感动到流泪，但是你不一定能完全听懂具体的内容。这些演员是如何做到的呢？他就是通过语音语调以及丰富的肢体语言来达到感动你的目的。

再给大家举个我朋友的例子。

我有一个朋友，在她受到感情创伤那段时间，在包厢里唱情歌，没有一个不赞叹的。那一年，她几乎承包了所有的情歌，而且每一首都唱得特别投入，我在边上听着很是感同身受。过了一段时间以后，她从那段感情里走出来了，再去一起唱歌，还是同一首歌，但听着感觉已完全不一样。

相同的旋律、相同的歌词、相同的演唱者，为什么给大家的感受完全不同呢？是因为不同的感情阶段带来了不同的肢体语言以及语音语调的感染，所以结果大相径庭。

因此，大家可以回想我们在和客户打交道的时候，你表现出来的肢体语言和语音语调是怎样的呢？

为什么语音语调和肢体语言占比会那么高呢？我再从意识和潜意识对我们形成感受的影响给大家介绍一下。

我们每一位正常人在认知和感受世界的时候会通过两种方式，一个是意识，另一个是潜意识。通常，我们会认为意识对于认知世界来讲更加重要，但事实跟我们想象的截然相反，潜意识会在我们认知世界的过程中发挥更大的作用。

举个例子，当你在认真地阅读这本书的时候，你的意识就在吸收和判断这本书带给你的信息以及你接下来的思考，然而周边环境的温度、噪声等，都无时无刻地被你的潜意识捕捉。这些信息也都被大脑储存了起来。

大家也许会问，这和我们与客户的沟通有什么联系呢？

我要告诉大家的是：沟通中起到 7% 作用的文字部分，往往决定着客户在意识层面会如何判断你所呈现的信息，而肢体语言以及语音语调都是客户在潜意识层面捕捉到的信息。客户会结合文字部分，通过综合的判断来判定你传递的信息是否具有可信度，进而对你这个人有判断。

由此，我要给大家另一个建议，就是我们在和客户沟通的时候，文字部分与肢体语言以及语音语调一定要保持一致。

如果客户认为这些有矛盾的话，就会对你产生怀疑，从而影响对你所传递信息的信任程度。

比如你在介绍产品时候陈述的信息，这是 7% 的文字部分，但是你的肢体语言以及语音语调，这些占 93% 的部分，如面部表情有一些紧张、不敢注视客户的眼睛、声音也不够大，还有点支支吾吾，客户就会认为你表达的不一致，因此很自然地对你所表达的内容产生怀疑。

如果在实际沟通中遇到同样的情况，也就是表达出来的文字与肢体语言或者语音语调矛盾的时候，我们应当相信哪一个呢？是肢体语言以及语音语调表达的意思，而不是文字。

关于这 7% 的文字部分，我教大家的方法是根据不同的场景，要提前写好不同的脚本。脚本的作用就是要让客户在意识层面能够认为脚本的逻辑性是非常有道理的。

更重要的肢体语言和语音语调所影响客户潜意识的部分，我也会告诉大家该如何运用好肢体语言以及语音语调。

再从另外一个角度帮助大家理解这部分的内容。

任何一次的沟通都由理性部分和感性部分组成。文字部分相当于理性部分，而语音语调和肢体语言给客户带来的是感性的反应。

我们都想从理性的角度增加对客户的影响力，但非常遗憾的是，理性在感性面前基本上会被秒杀。

我们任何人都一样，大部分的决定都是基于感性所做出的，即使你的理性部分内容不那么强，但是通过高水平的感性表达同样可以达到让对方理解并且相信，从而产生行为改变的目的。这也是为什么肢体语言和语音语调在沟通过程中会那么重要。

以下就从肢体语言、语音语调以及文字部分分别来给大家介绍。

1. 肢体语言

在和客户打交道的时候，有这样一个基本情况：肢体语言不能帮助你完成交易，但是错误的肢体语言一定会摧毁成交的机会。所以，我们对肢体语言方面要有足够的重视。

我会从着装的因地制宜法则、站立方式、握手方式、"姿势反射"同步对方、眼神交流等五个方面展开介绍。

（1）着装的因地制宜法则

首先给大家介绍肢体语言的着装部分。

我们身体的大部分被服装所覆盖，而且客户第一眼看到的就是着装。关于着装，有一个非常重要的法则叫作因地制宜，怎么理解因地制宜呢？就是根据不同的场合和销售的产品，以及客户所属的社会阶层等诸多方面，来考虑自己的着装。

试想一下家里的电视机出现了问题，当家电维修人员来上门维修。你开门看到一位穿着西装革履的人自我介绍说是某某家电公司的售后维修人员，你会是什么样的反应？

对于家电维修人员来讲，穿着清爽干净的制服、带着公司的标记以及个人的姓名牌，这样才是合适的着装。

在做销售拜访的时候，如果你的客户是一般的工薪阶层，你是否可以穿着昂贵的服装去呢？他们可能会觉得你销售的产品价格非常昂贵，并且实用性比较差，所以他们可能不太愿意跟你交流。

著名的汽车销售大王乔·吉拉德曾经说过，他当时在销售雪佛兰汽车的时候，雪佛兰的品牌定位就是家庭用车，所以他非常注意自己的穿着，因为他的客户主要以工薪阶层为主，如果他的穿着非常昂贵，会给客户带来如下的两点感受：

第一点，销售员与客户的距离好远，主要指心理距离，因为客户会感觉和销售人员不属于一类人，所以他可能不太愿意和这个销售员交流；

第二点，客户可能会有这样的想法：不知道这个销售人员从我们这些人身上赚了多少钱，才能够买得起这么昂贵的衣服。他一定不会给我最优惠的价格和最好的服务，我才不要从他这里购买汽车！

这个故事告诉我们，在针对不同的产品以及客户阶层的时候，我们一定要选择跟产品和客户阶层所匹配的服装。

另外要注意的是与客户打交道的场合，因为不同的场合着装不合适的话，也会给客户带来非常不好的感觉。

比如跟同一个客户打交道，有可能在他的办公室，也有可能去一些比较休闲的场合。在客户办公室的时候，你应当穿着正式；而在休闲场合的时候，大家的着装都很休闲，比如在打高尔夫球或者郊游的时候，穿着西装革履就会给人和这个场合格格不入的感觉。

以上两点构成了着装的因地制宜法则。

另外，针对女性销售人员，我要给一些建议：在比较正式的场合可以穿着相对职业一些的套装，化一些淡妆，用少量的香水以及少量的珠宝，最好不要用奢侈品的包。

总之，同以上提到的因地制宜法则，着装要给客户整洁、舒适的感觉，销售人员一定要注意针对不同的情况而选择不同的着装。

（2）站立方式

在了解了着装的因地制宜法则之后，我们在刚开始跟客户打交道的时候，站立方式也是同样需要注意的。

站立方式有以下几个要点：

如果是同性之间，最好不要面对面站立，因为这样会给人一种相互压迫的感觉，而应该站成微微有一些角度。异性之间可以面对面站立。

接下来是站立距离的问题，在刚开始跟客户接触的时候，我们跟客户保持的距离最好在60～90厘米之间。因为个人距离大概在45～120厘米，就像伸手碰到对方那样，虽然彼此认识，但没有特别近的关系。这是在进行非正式个人交谈时的合适距离。

谈话时，双方不可站得太近，一般保持在50厘米以外为宜。这是人际间隔上稍有分寸感的距离，较少有直接的身体接触。

个人距离的近范围为45～75厘米，正好能相互亲切握手，友好交谈。这是与熟人交往的空间。陌生人进入这个距离会构成对别人的侵犯，这就是我们在电梯里与陌生人站得很近的时候会感觉不自在的原因。

个人距离的远范围是75～120厘米。任何朋友和熟人都可以自由地进入这个空间。

在通常情况下，较为融洽的熟人之间交往时保持的距离更接近远范围的近距离一端（75厘米），而陌生人之间谈话则更接近远范围的远距离端（120厘米）。我们要能够根据与沟通对象的熟悉程度来选择适当的距离，让客户感觉舒适以及被尊重。

（3）握手方式

在我从事销售工作时，曾经出现过非常尴尬的场景。

有一次我带着一位新加入团队的销售人员去拜访客户，这是对这位客户的第一次拜访。那是一位女客户，我们那位销售人员为了展示自己的热情，主动伸出手想要和客户握手，结果那位女客户根本没有伸出手要和他握手的意思，我们那位销售人员的手晾在半空中，伸也不是，收回来也不是。

当时的场面非常尴尬。我现在还清楚地记着当时的场景。

因此，在刚开始拜访客户的时候，握手是要讲究礼仪的，具体如下。

① 谁先伸手有讲究。握手礼仪讲究"位尊者有决定权",即由位尊者决定双方是否有握手的必要。

在不同场合,"位尊者"的含义不同。在商务场合中,"位尊者"的判断顺序为职位—主宾—年龄—性别;上下级关系中,上级应先伸手,以表示上级对下级的亲和与关怀;主宾关系中,主人宜先伸手以表示对客人的欢迎;根据年龄判断时,年长者应主动伸手以表示对后辈的欣赏和关爱;根据性别判断时,女性主动伸手后,男士才可以伸手。

在拜访客户的时候,一般是客户先伸出手,我们再去伸手。在送别客人时,应由客人先伸手告别,避免由主人先伸手而产生逐客之嫌。

② 身体姿势。无论在哪种场合,无论双方的职位或年龄相差有多大,都必须起身站直后再握手,坐着握手是不合乎礼仪的。

握手时上身应自然前倾,行 15 度欠身礼。手臂抬起的高度应适中。

③ 手势。握手时必须用右手,即便是习惯使用左手的人也必须用右手来握手,这是国际上普遍适用的原则。

握手时,伸出的手掌应垂直于地面,手心向下或向上均不合适。握手时应掌心相握,这样才符合真诚、友好的原则。

很多男士在与女士握手时只握住四指,以示尊重和矜持,但在男女平等的今天,这种握手方式已不符合礼仪规范。尤其在商务活动中,性别被放在次要的位置,女性更应主动、大方地与男士进行平等而友好的握手,以便进一步进行平等互利的商务交流。

④ 时间。握手的时间不宜过长或过短,两手交握 3～4 秒,上下晃动最多 2 次是较为合适的。接触很短时间即把手收回,有失大方;握着他人的手不放,则会引起对方的尴尬。

⑤力度。握手的力度能够反映出人的性格。力度太大,会显得人鲁莽有余、稳重不足;力度太小,又显得有气无力、缺乏生机。因此,建议握手的力度把握在使对方感觉到自己稍加用力但是又比对方的力量稍小即可。切忌

没有什么力度的"死鱼式握手"。

⑥眼神。在握手的过程中，假如你的眼神游离不定，他人会对你的心理稳定性产生怀疑，甚至认为你不够尊重。

⑦微笑。微笑能够在任何场合为任何礼节增添无穷的魅力。握手的同时给对方一个真诚的微笑，会使气氛更加融洽，使握手礼更加圆满。

⑧握手的禁忌。忌交叉握手。多人同时进行握手时，应该按照顺序一一握手，如果与另一方的手呈交叉状，甚至自己伸出左手同时与他人握手，都是严重的失礼行为。

忌出手太慢。此举会让人觉得你不愿意与他人握手。

（4）"姿势反射"同步对方

在与客户交流的时候，同步对方也非常重要。什么是同步对方呢？

我们有没有这样的一些感受：在我们和一些人交流的时候，当对方在几秒钟之后重复我们刚才所说的个别语言，比如一些专业名词或俗语，或者你刚在做了一个动作之后，对方在几秒之后和你做了同样的动作，你会对这个人有莫名的好感，就愿意跟他交流。这种现象已经在心理学上得到了证实，叫作"姿势反射"。

因此，销售人员在和客户交流的时候，能够用"姿势反射"适当地去重复客户刚才说过的话和做过的动作，客户就会产生好感，并愿意进一步交流。当然，要注意程度，不要让客户感觉在刻意地模仿他。

关于对客户的同步对方以及一些引导技巧，在后面"积极倾听与配合"部分还会给大家作详细介绍。

（5）眼神交流

我们都知道在跟客户打交道的时候，应当注视着对方。

注视多长时间和注视哪个部位会比较合适呢？我给大家推荐的时间是目光交流应当占整体交流时间的60%～70%，因为如果少于60%，客户会感觉你没有在认真关注他说话，客户会认为没有被完全尊重。但如果高于70%，会给客户一种被看着时间过长而有一点不自然的感觉。这样的体会，我相信我们在日常交流过程中也能感受到。

注视哪些部位比较合适呢？

由于刚开始拜访的眼神交流属于"社交注视"，所以建议注视的范围是以对方的两只眼睛和嘴唇之间所构成的三角区，这是比较合适的注视部位。同时，应该面带微笑、眼睛炯炯有神而柔和地看着对方的眼睛，不卑不亢，让对方感觉到自信和平和、诚实和勇气。

直觉敏锐的客户初次与销售人员接触时，往往仅看一下对方的眼睛就能判断出销售人员可信还是不可信，有的客户甚至可以通过眼神来判断销售人员的工作能力。

购买往往是感性的过程和决定，因此真诚、坚定的眼神能够给客户展示出你的专业，可帮助客户打开心扉，愿意多交流。

在与客户交流的时候还要注意一点，我专门拿出来告诉大家，就是如何表现出正确的肢体语言反应来表示你完全理解客户，包括以下几点：

① 客户说话时，你要点头回应，表示你了解他们说的话。

② 客户说与他们切身非常相关的问题时，你要眯着眼睛、抿着嘴唇，同时点头。

③ 如果问题涉及客户痛点时，你眼睛要眯得更小，嘴唇要抿得更紧，适时发出回应的声音，显示你对客户的痛苦感同身受。

④ 你在问充满感情的问题时，身体要前倾，客户回答时要继续前倾。

⑤ 你在问以理性为基础的问题时，身体往后靠；客户回答时，要继续往后靠，一面点头，一面若有所思地抓住下巴。

大家设想一下，如果你是坐在对面的客户，当你看到这个销售人员表现出他能够感受到的痛苦和欢乐，你是否会更加喜欢这个销售人员，从而愿意更多地和他交流呢？答案是一定的。

（6）肢体语言的其他注意事项

我们在跟客户打交道的时候，除了刚才谈到的肢体语言要点，还有一些肢体语言是一定要注意的：

① 不要用封闭式的肢体语言。肢体语言有开放式的和封闭式的区分。封闭式的肢体语言，最典型的姿势就是双手环抱在胸前，而这样的肢体语言会给客户带来一种傲慢并且不愿意听的感觉，这样就会让客户失去交流的兴趣。

我们应该展现出的是开放式的肢体语言，也就是双手或者上肢要打开，这样给客户的感觉就是愿意接受他提供的任何信息，客户也自然愿意和你进一步交流。

② 注意坐姿。当客户让你入座的时候，要礼貌地点头表示对客户的谢意，然后平稳地坐好。一定要注意背部挺直，不要坐得弯背塌腰，另外要注意的是千万不要跷起二郎腿，更不要出现抖动腿的动作。还要注意坐的时候，无论是男士或女士，都应该尽量双腿并拢，大部分女士能注意这个细节，但是有一些男士可能不太注意这个细节，有时候坐在那里会把双腿分得太开。

因为这些动作都会让客户感觉你是一个非常随意、不注重细节的人，他自然对你不会有好的印象，这次拜访之后，基本上和他打交道的可能性就没有了。

③ 在给客户介绍产品资料的时候，最好用一根准备好的笔来给客户进行介绍，不要用手指头来指。更加需要注意的是，千万不要用中指，因为这样会给客户留下一种非常不礼貌的印象。

另外，在给客户介绍产品资料的时候，一定要提前熟悉和了解产品资料，当客户询问相关问题的时候，你可以迅速地找到这一部分内容在产品资料的哪个位置，并且给客户进行介绍。这样会让客户觉得你对产品的了解非常专业，可以增加你的可信度。切忌在客户问问题之后，由于你对产品资料不够熟悉，半天找不到所处的位置，这样就会让客户对你的可信度产生怀疑。

④ 仪容和仪表。这个说起来非常简单，似乎感觉是一个常识，不过在实际的销售过程中，还是有大量的销售人员在这方面没有投入足够多的关注。

我曾经有一个同事在这方面非常不注意，他的头发总是像好几天没洗一样，看着油乎乎的；稍微碰一下头发，就会让人想起张学友那首歌《我的世界开始下雪》，因为头皮屑开始乱飞；手伸出来后，你会看见指甲缝里都是黑泥，看上去感觉特别不好。有的时候，他中午吃了一些有刺激性气味的食物，如葱或蒜等，也不注意口腔的清洁，与客户说话的时候，隔着老远都能闻到那股刺鼻的气味。还有时候，他穿的西装就像在箱底已经被压了两年一样，皱皱巴巴，打领带的时候，衬衫第一个扣子还不系上。

试想，这样的销售人员怎么会让客户有打交道的欲望呢？

我们作为销售人员一定要特别注意自己的形象，以干净、清爽、职业、干练的形象出现在客户面前。

总之，肢体语言在整个沟通过程中要占55%的比重，是在沟通过程中起作用最大的一部分。因此，销售人员一定要格外注意自己的肢体语言，能够通过有效的肢体语言带给客户专业积极的形象，从而使客户愿意和你说话。

2. 语音语调

在了解了与客户打交道的肢体语言之后，我们现在要谈另外一个话题，就是语音语调的重要性。

语音语调要占沟通重要性的38%。因此，要想取得理想的沟通效果，让客户愿意和你说话，就要特别注意语音语调的运用。

我将从音量、语速、停顿和影响力语调的运用两个方面给大家介绍。

（1）音量、语速、停顿

首先是沟通的音量问题。我们有没有这样的体会，身边有一些人说话的音量总是掌握不好，有的时候太小，跟他交流会让你非常着急，竖起耳朵来听都听不清。要想听清楚他在说什么，只好让他大点声，这一定会影响销售人员和客户之间的交流，而且音量很小会给人一种没有自信的感觉。

　　我在招聘的时候遇见过一些这样的面试者，他们形象不错，谈吐也很好，综合的经历以及学术方面的知识都符合我们的要求。但在面试的过程中，他说话的音量比较小，需要费很大的力气才能听清楚他讲什么，让人对他的自信心以及是否能够同客户顺畅交流产生很大的怀疑。

　　所以，说话音量太小，会对我们的销售工作带来消极的影响。

　　也有一些销售人员，说话的声音又特别大，会让人有一些不适感，感觉跟他们交流的时候耳朵会被震得嗡嗡作响。我身边有一个朋友，说话的嗓门就特别大，但是他自己没有意识到，身边也没有人去提醒他，所以他一直保持着这种习惯。其实，我们都感觉这么大的音量对交流有不好的影响。如果他是从事销售工作的话，平时工作还是保持这么大的音量，就有可能给客户造成一种不适的感觉，也一定会影响客户是否愿意同他打交道。

　　因此，作为一名销售人员，说话时音量的大小是我们在沟通过程中首先要注意的细节。那么，什么样的音量会是比较合适的呢？人们室内交流的正常音量大概是 40～60 分贝，要想达到最佳音量的沟通效果，一定还要考虑所处环境的背景噪声等问题。

　　分贝数可能有点难以判断，简单来说，重要的原则就是能够让客户清晰地听见你的声音，同时不会有音量过大的感觉。

　　我建议大家可以让身边的人给你做一个反馈，看看自己平时沟通的音量究竟如何，有需要做一些改变的人就应当加强这方面的练习。

　　我们再来说沟通中另外一个重要的细节，就是语速。

　　我们是否有这样的感受：不急不缓的语速会给人带来一种亲切、自然和自信的感觉。

　　我们身边有一些人的语速非常快，会给你什么感觉呢？是不是会让你感觉他性格急躁、心无城府，甚至会怀疑他有一些幼稚和偏执？而语速过慢又会给人留下没有自信、优柔寡断、看待事情比较悲观、处理事情畏首畏尾的印象。

　　因此在与客户沟通的时候，适当的语速是非常重要的。一分钟多少字的语速会比较合适呢？我能给大家推荐的是，在与客户沟通过程中的语速最好控制在每分钟 250～300 字之间，这是一个普遍认为比较合适的语速。

作为参考，在 20 世纪八九十年代的时候，新闻联播节目主持人的语速基本上在每分钟 180 字左右。随着信息量的增加，现在新闻联播节目主持人的语速基本上在每分钟 260～320 字之间。

我建议大家可以进行一个简单的自测，就是找一段话，确定好字数，然后用平常习惯的语速进行一次朗读。朗读结束之后看一下用时，然后算出每分钟的语速。只要在每分钟 250～300 字之间，语速就是合适的，如果低于250 字可能会稍微有点慢，但是一定不要高于 320 字，否则就有刚才谈到的语速过快给人不太好的那些感觉。

当然，语速不是一成不变的，合适的语速一定指的是在实际沟通的过程中，随着强调或者重点来增加一些速度及节奏的变化。

在了解了音量和语速之后，我们再来给大家介绍另外一个交流中的重要技巧：停顿。

在交流的过程中，适当的停顿会起到提醒对方注意的作用。

设想一下，如果对面的人说话没有停顿，你会是什么感觉？一定会感觉没有重点，也不知道他想让你记住什么。

我们在跟客户交流的时候要学会运用停顿的技巧，可以达到以下的目的：

① 停顿是一种故意的沉默。

② 通过给听众一点时间思考而暗示某些重要或值得听的信息就要来了。

③ 接下来再以强调的语气说出这些信息。

停顿的运用会让客户能够清楚地知道哪些是你要传递的关键信息，才有更大的可能让客户记住信息。

有一点需要提醒大家，停顿的地方一定要找准，否则会造成意思完全不同的结果。比如：

下雨天留客天留我不留

请大家做这个练习，看看会在不同的地方停顿而且停顿出完全不同的意思吗？

（2）影响力语调的运用

在了解了音量、语速以及停顿之后，现在介绍另一个在沟通中非常重要的部分——语调。

我们一起来回顾一下大部分人经历过的一个场景。

你走在大街上，通常会遇见健身房的促销人员面无表情地跟你说"游泳健身"，你会是什么反应呢？我想95%的人都会当作没有听见或者没有看见一样走开。

为什么会这样呢？原因之一是他的语调没有任何变化和吸引力，客户的潜意识就是我不要跟他打交道，快点走开。

我们也都接过一些促销电话，对方如何开场同样对我们有重要的影响。如果你接到的电话就是听见一声没有任何感情的"需要贷款吗？"我想你第一个反应就是"讨厌死了，赶快把电话挂掉！"

不过我们也接过这样的电话，开头的称呼很亲切，可能是叫你一声"哥"，你能感觉电话那头的他充满着热情，而且有一种关心你的感觉，那就有比较高的概率愿意和他多进行几句交流，而不像第一种那样立刻把电话挂掉。这就是不同的语调带给我们在销售的时候与客户打交道的影响。

为了让大家更快速地理解和学习，我建议大家可以根据不同的场景运用不同的语调。

大部分的培训课程都没有着重强调这部分，而这一部分对于销售人员增加沟通的影响力是至关重要的。大家通过认真的练习，语调的运用一定会对你的影响力带来很大的帮助。

我按照开场、探询需求、自己的产品利益呈现、客户提出异议、缔结五种场景分别介绍语调的运用。

① 在开场与探询过程当中应该用什么样的语调呢，我给大家推荐的语调叫作"我关心对方"的语调，要表现出你对客户发自内心的关心，在探询出客户痛苦的时候更加要表现出对客户的关心。

如刚遇见一个客户，你应该用这样的方式跟他打招呼：

"王先生，您最近都好吗？"

语调一定要展现出自己的热情和对对方的关心，以及你确实非常关注他的那种感觉。

这个语调可以与之前给大家介绍过的肢体语言结合起来使用。

② 在探询客户需求的时候，当客户谈到自己一些未被满足的需求或者痛苦的时候，应该表现出来这样的肢体语言，如皱着眉头、紧闭嘴唇、身体微微向客户的方向倾斜，能让客户感受到你也在感受他的痛苦。

③ 在介绍产品利益的时候，我给大家推荐的是"神秘而稀缺"的语调。

这个语调的特点是声音会压得比较低，可能就比耳语的声音稍微高一点点，能够被对方听到就好。此时的语速也应当适当地放慢，而且面部表情配合着一丝丝神秘的神情。尤其是在介绍产品具有哪些特殊的优势，或者是对客户有特别设计的时候，可以运用这种语调。

比如可以这样说：

"王先生，我们这个产品具有特别的设计，专门用于满足您的这些需求。另外，在某些方面还可以根据您的要求做一些改变。"

你在说这些的时候要适当压低一些音量，语速适当放慢，给客户的感受是你的产品是特殊的、稀少的、专门为了满足他的需求而定制的这种感觉。

这种语调还可以运用在另一种情形，就是让客户感受到有一些稀少性的信息只有你知道，别人都不知道。

如果你是某汽车品牌的销售人员，当给客户呈现产品利益结束之后，客户对产品感觉不错但有一丝犹豫的时候，你可以用这种语调告诉客户：

"王先生，我了解到现在这款车型目前只有两台现车，而下一批车要等三个月之后才能到货。"

当你压低声音用这种神秘而稀缺的语调告诉他的时候，客户就会有更大的可能性决定购买。

当然，我们使用这种方法必须要符合道德，首先陈述的必须是客观事实，绝对不可以乱讲，否则被客户了解真相之后就会彻底失去客户的信任，你的销售就绝不可能成功。

④ 在客户提出异议，或者是有一些其他不同意见的时候，应该用的语调叫作"理性的与金钱无关"的语调。

这种语调可以给客户带来的感觉是你在真实地征求他的意见，而不是在逼迫客户购买。

比如可以这样来问客户：

"您说的我都听到了，抛开这个产品的价格不谈，买不买不要紧，您对我们这个产品有什么想法吗？"

这个时候，客户就会感到比较少的压力，会坦诚地说出他对这个产品的真实看法。

在与客户交流的过程中，能够让客户坦白地说出自己的看法是非常重要的。只有在一轮一轮的循环中，探寻客户内心真实的看法，才可以发起下一轮的循环，再一次去呈现产品的利益。

⑤ 在与客户要结束交易缔结的时候，我给大家建议的语调叫作"诚恳而理性"的语调。

比如可以这样跟客户说：

"王先生，如果您给我机会，相信这个产品一定会非常让人动心。您觉得我这样说有道理吗？"

这样的语调给客户的感受是你客观地说出产品的好处以及对他的利益，他做出购买的决定是自己说服了自己，而不是你给他压力让他购买。

刚一开始我们就说过，任何人都不喜欢压力，尤其在销售的过程中不要让客户感受压力，否则他就会"夺门而逃"。

现在来总结一下语调的重要性。

在开场和探询需求的时候，应该用"我关心对方"的语调，要表现出对客户的关心，而且配合肢体语言表现出你能感受到对方的痛苦。

介绍产品利益的时候要用"神秘而稀缺"的语调，让客户感觉产品是专门为他定制的，并且有一些功能是为客户考虑的。

在缔结的时候应该用"诚恳而理性"的语调，让客户感觉你是一个非常诚恳的人，而且没有给他任何压力，让他自己做决定。

另外在第一次提出缔结的时候，客户大多会表现出自己的一些异议以及其他一些不同的意见，这非常正常。比如他会说："嗯，听起来不错，让我再考虑考虑吧。"这个时候你就应该用"理性的、与金钱无关"的语调，在不给客户任何压力的情况下去探询他内心对产品最真实的看法。

了解客户内心真实想法之后，再决定应该用什么样的产品利益再来一次循环。

在电影《华尔街之狼》中，男主人公第一次进入一家公司的时候，他第一个拜访的电话就取得了有效的订单。

那个公司当时的业绩不是很好，所以他们在愁眉不展的时候亲眼目睹了这位主人公是如何通过很好的语调变化来取得这个订单的，我们在这里可以给大家展示一下。

"你好，约翰，你今天过得好吗？"（"我关心对方"的语调）

"你几周前给我的公司寄过一张明信片，说是要打听一下前景极广的股票，想起来了吗？我刚才看到一只股票，这是我半年来看到最好的一只，如

果你有 1 分钟的空闲，我想跟你聊聊，你有空吗？"（"神秘而稀缺"的语调使客户产生兴趣，立刻同意可以继续下去）

"鸿泰国际，这是一家高端科技公司，就在中西部审批，马上就要通过新一代的雷达探测，军用和民用领域都将被广泛使用。这只股票现在的价格是10 美分一股，而且我们的分析师指出，它可以涨得远远超出这个价格，你只花费 6000 美元的投资就可以收获 60000 美元。"（"神秘而稀缺"的语调，让客户认为非常稀少，从而产生购买的愿望）

对面的客户问："股票很安全吧，我可以用它偿还贷款了。"

"约翰，即使现在这样的市场价，我给你保证一件事，我从不要求我的客户用胜率来衡量我，我让他们用我的失败率来衡量，因为我很少失败，这绝对是一笔非常划算的生意。"（"诚恳而理性"的语调，让客户认为他是一个诚恳、讲道理、值得信赖的人）

客户："好吧，我买 4000 美元。"

"那就是 40000 股，我现在就把这笔交易定下来，告诉我的秘书。谢谢你给我的信任"。

交易就这样在电话中完成了，办公室里所有人都目瞪口呆。因为他们在以往的销售过程中不了解强影响力语调的作用，因此失败率非常高，而这次的表演让他们大开眼界，男主人公一下就成为公司的明星，所有人都开始向他学习如何运用强影响力的语调来进行销售。

大家可以看到，语调在销售交流过程中会起到多么重要的作用。

大家有兴趣的话可以去看一看这部电影，尤其是这段打电话的环节，真是强影响力的语调在影响销售过程中所起作用的完美呈现。

影响力语调练习：请大家按照刚才学到的不同语调方式，按照例句进行演练。

"我关心对方"的语调：

您好，Jack，我是 David，您今天过得开心吗？

"神秘而稀缺"的语调：

Jack，关于这个产品，我们专门为您的需求做了一些特殊的设计。

"理性的、与金钱无关"的语调：

Jack，抛开所有其他因素不谈，就我刚才给您介绍的这个方案，您怎么看？

"诚恳而理性"的语调：

如果您给我机会，Jack，相信我，我坚信这个产品方案一定会给您的业务带来帮助，对于这一点我非常有信心。

请大家结合自己的产品情景，分不同的语调多加练习，可以请同事帮你做一些反馈，熟练运用后，一定会给你的强影响力语调的运用能力带来提升，从而增加你对客户的影响力。

3. 文字部分

文字部分在55387原则中尽管只占7%，是最少的部分，不过这并不意味着文字部分不重要。

我们在和客户日常交流的过程中，文字部分的组织也会起到非常大的作用。因为客户除了感受我们的肢体语言和语音语调以外，文字部分是否专业、是否通俗易懂，也同样是非常重要的。

如何将文字部分，也就是大部分销售语言脚本设计中最重要的内容，设计得非常有效，是销售人员面临的另一个问题。

这就关系到我们在与客户交流沟通的时候，或者是在编写拜访客户过程的各种脚本的时候，要考虑对方是否听得懂，是否能感知我们要表达的意思。

举一个例子，我在为医生做沟通技巧培训的时候会问这样一个问题：

"如果一位患者是从山里的农村来的，你在给他讲解病情和治疗方案的时候会用专业术语吗？"

有的医生说："我不会，因为患者听不懂。"

但是有些医生就说："我会的。"

在实际工作过程中，医生给患者用专业术语的现象一点也不罕见。

有经验的医生会根据患者的理解程度，给患者举不同的、通俗易懂的例子，让患者能够充分理解。

还有一些患者在来看病的时候，他在互联网上已经把这个疾病的相关信息查询清楚。针对这样的患者，医生就可以使用专业的术语来介绍病情和治疗方案，因为他们能听得懂。

无论我们是从事任何行业的人员，大家在沟通的时候，都要根据对象的不同来组织不同的语言。因为只有这样，才能确保发出的是声音，而不是声波。这对于我们在组织与客户交流时的语言就显得非常重要。

你一定要根据客户的不同、对产品了解的不同以及对相关领域知识的不同，组织相应不同的语言脚本。目的就是让对方能够清晰理解。

在这个 7% 的基础之上，再通过 55% 的肢体语言和 38% 的语音语调，这样才能达到有效的沟通，从而让客户认为你是一个沟通清晰、照顾他的感受以及理解他的销售人员。

试问，谁会不喜欢这样的销售人员呢？

（二）积极倾听与配合艺术

在了解了 55387 原则以及相应技巧之后，我们再来了解另外一个重要的技巧：积极倾听与配合艺术。

积极倾听与配合艺术在与客户打交道的过程中起着非常重要的作用，因为倾听会让客户感觉被尊重，同时要能够听懂客户究竟想表达什么。

大家是否有这样的经历，我们在认真地和对方交流的时候，如果对面那个人压根没有认真地听，我们会对他有什么感觉？肯定是不好的感觉。如果倾听了，但听不出我们表达的意思，依然会感觉不好。

所以，是否积极地倾听客户、能否听出客户表达的意思，一定会影响客户是否愿意继续交流下去。

接下来，我会从倾听的四个层次、配合客户的当下状态、否定之前先肯定三个方面给大家介绍。

1.倾听的四个层次

说到倾听，大家都会说我没有问题呀，我又不聋，我的听力很好的。

但是我们在和客户一起交流的时候，真的能听出客户的真实想法吗？

先给大家举这样一个例子。

当你和你的同事在拜访客户回来的路上，你的同事说了一句：

"天好热呀！"

此时你会怎么反应呢？

第一种反应，"嗯，是有点热。"

第二种反应，"哦，热吗？"

第三种反应是没注意对方在说什么，所以就回应一个字："嗯。"

还有一种反应是，"我们找个凉快的地方休息一下，喝个冷饮吧。"

你会是哪一种呢？这四种反应代表了倾听的四个层次，如图2-2所示。

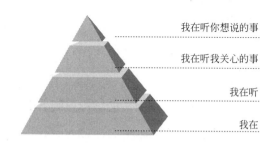

图2-2 倾听的四个层次

倾听的最高层次是"我在听你想说的事"。

通常，我们自己作为客户的时候也会有这种感觉，希望销售人员能够听出我想表达的意思。

因为现在很多客户不会主动说出内心的真实想法和需求，而作为销售人员，应该能够非常敏锐地判断出客户背后的意思。

关于倾听的层次，我给大家讲一个发生在我身上的真实故事。

我在做医药销售的时候，经常会请一些医院的专家去讲课，主要讲的是相应治疗领域内的最新进展。而这种诊疗进展使用的治疗方案，就会和这些外资制药企业最新上市的产品相关。

通过这样的医学教育活动让当地的医生了解最新的诊断方法，从而给相应的患者使用这些产品。这也是外资制药企业在新产品上通常采用的推广方式。

有一次，我邀请北京一位知名的专家去我负责的区域讲课，我刚好去北京出差，就决定一起去机场。这位专家刚刚买了一台新车，对自己的车爱不释手。因为平常工作很忙，总是没有机会开，所以只要有去机场的机会，他就特别喜欢开着自己的车去机场，然后把车停到机场的停车场，回来的时候再自己开车回家。所以这一次他先去酒店接上我，然后我们一起去机场。

一路聊得很开心，他热情地介绍新车的种种性能、技术参数、与其他车的对比等。我对车也很感兴趣，所以谈得很有兴致。那天的路况非常好，很快就要到机场了。就在快进 T3 航站楼停车场的时候，这个专家突然嘟囔了一句：

"T3 的停车费还挺贵的。"

我在听到这句话之后立刻说："教授，您的交通费已经让我们团队的人做了预算，所以这个停车费会帮您解决的，您放心吧。"

这位专家特别激动地扭过头看着我，说了一句：

"跟你打交道就是让人心里舒服！"

（注：专家差旅费用具体政策，各个行业及公司有不同的合规规定，此例子仅作参考。）

这个专家为什么这么激动呢？就是因为作为一位专家，他可能也不太好意思告诉我"你把停车费给我报销了吧，我不愿意自己出。"所以他默默地说出了这么一句话。

虽然"说者无心"，不过我们要做到"听者有意"。用倾听的最高层次听出客户的真实意思，也就是听出了"对方想说的事"，所以我就有了这样一个回复，让专家的满意度特别高。以后再有邀请这位客户去讲课的需求，无论他的周末安排紧张，还是有竞争对手，这位专家都喜欢跟着我去参加我们区域的活动。

这就是倾听的最高层次带给我的直接帮助。

设想一下我当时没有理解这一层次而是用一句"是的，我也觉得停车费挺贵的"，然后就没有反应了。这个层次属于"我在听"，客户会是什么感受？

更夸张一点，你要是来一句：

"贵吗？我觉得一点也不贵啊。"

这基本上属于比最低层次还要低了，当然这是开个玩笑，不过我们不知道会不会有人的倾听能力真的是这样。

我们还要清楚地认识到一点，由于东方人普遍比较含蓄，所以客户往往不愿意直接说出自己内心的真实需求和想法。我们作为销售人员，应当时刻提醒自己有没有运用倾听的最高层次"我在听你想说的事"来判断出客户背后的意思，听出客户背后的需求来提高客户对你的信任度以及满意度。

再举个例子，在拜访客户的时候刚介绍完产品，客户说了几句对产品的看法，突然问了一句：

"几点了？"

你就要判断客户说这个"几点了"是在问你现在几点了吗？

这句话真实的意思是什么？他的意思可能是他接下来还有别的安排，不能再给你时间了。客户又不愿意直接将你拒之门外，所以他会选择用这种委婉的方式来问一句。

你这个时候就应该立刻告诉客户：

"哦，我不多耽误您的时间了，今天先给您介绍到这儿，我是下周三还是周四再来拜访您呢？"

用这样的倾听技巧，客户会有什么感觉？他一定会觉得你是一个善解人意的人，这也为将来与他持续打交道奠定了良好的基础。

如果我们在倾听的过程当中表现出来的是以下几个层次的话，"我在听我关心的事""我在听"以及"我在"，那只能是给客户的印象越来越差。这样的话，客户喜欢你的可能性非常小。

还是举刚才那个例子，客户说：

"几点啦？"

你很认真地看了表，然后告诉他：

"现在是 10 点 40 分。"

客户会是什么感受？

如果是"我在听"或者"我在"会是什么表现呢？

这就是倾听的不同层次，它决定着客户是否会喜欢和你说话。

有些人可能会问，倾听的最高层次受文化差异的影响吗？我想告诉大家的是，会的。再给大家举一个真实的例子。

有一次，我在上课讲述倾听的四个层次的时候，突然有一位学员举手说："老师，我有一个问题想请教一下。"

我说："请讲。"

他说："我在跟我的外国同事沟通的时候，我同样是比较含蓄地表达出了我的想法，结果对方压根儿没有听出我背后的意思，这种情况怎么办？"

我说你能描述得具体点吗？他就给我们讲述了当时的实际场景。

当时他从他工厂的一个厂区出发，午饭后开自己的车，带着两位美国的同事去另外一个厂区工作。原本他们约好下午四点半让这两位同事再坐他的车一起返回，结果他在那个厂区临时被通知五点有一个会，五点半结束，所以他就想让两位美国同事多等他一会儿，等到五点半后一起回去。

于是，他对这两位美国同事说：

"我五点还有一个会，时间还挺紧张的。"

他是想让他的美国同事听出他的意思是想让他们多等他一个小时，结果这两位美国同事压根没理解他的意思，瞪着大大的眼睛看着他，没有任何表示。

这个时候他也特别不好意思，也不能直说，只好匆匆忙忙送这两位美国同事回到另外一个厂区，他再赶回来开会。还好距离不是很远，也没有耽误他的会议。

他问这是不是有文化差异，要不然这两位同事怎么不会用倾听的最高层次呢？

各位正在阅读本书的朋友，你怎么看这件事情呢？

我的回答是，从有效沟通以及倾听的角度来讲，我们首先要求的一定是让自己先做到能够有效地倾听别人，而我想让别人清晰地理解我表达的意思的时候，我会努力表达清楚，而不能寄希望于对方用倾听的最高层次，尤其是在有文化差异的情况下。

当然，大家要根据具体情况灵活掌握，从沟通的角度来说，我们自己还是尽可能地做到表达得清晰和清楚，而不能寄希望于别人，因为我们是发起沟通的第一责任人。

这里会有不同的相关因素，我们都要尽量考虑到。

2. 配合客户的当下状态

能够配合客户的当下状态，是让客户喜欢你以及愿意和你继续交流下去的一个重要方面。

什么是配合客户当下的状态呢？在前面的肢体语言部分，我谈过用"姿势反射"同步客户，而在与客户交流的时候有同样的原理，这里进一步展开讲述。

设想这样一种场景：

当客户相对比较慢热，说话语速比较慢，而拜访他的销售人员语速超快，叽叽喳喳说个不停，那这个客户会是什么样的感受呢？

他一定感觉这个销售人员不是他所喜欢的类型，跟他一点也不搭，一点也不考虑他喜欢和什么样的人交流。因此，客户内心不太愿意和这位销售人员继续交流是正常的。

作为销售人员，我们一定要有这样一个概念，就是要从客户的角度出发，用合适的风格与客户展开交流与沟通。

著名的演讲与沟通大师卡耐基曾经说过一句话：

"每个人都有他独特的地方，而与人沟通则要求他与别人一致。"

沟通就是同步对方。

因此，去同步对方才是有效的沟通。

另外，从客户感受方面，客户内心也会更加喜欢你。就像上述例子一样，如果客户是一个语速比较慢的客户，你应该适当地放慢自己的语速来让对方感觉你和他的频率一致。

同样的道理，如果客户性子比较急，语速也比较快，那么你应适当地加快语速去配合他的节奏。

这样的话，客户会觉得你和他的频率一致，内心中无形地增加了对你的好感，从而愿意和你多交流。

我们的面部表情也要同步客户当下的场景。

比如，我通常会问大家一个问题，我们在与客户交流的时候，什么样的面部表情是比较合适的呢？

大家通常会回答：我们要保持微笑。

接着，我会问第二个问题，当客户在向你描述痛苦的时候，你还会保持微笑吗？

很明显，我们的面部表情应当配合着当时的实际场景，如果客户在讲述他遇到的痛苦或者工作中的痛点时，我们应当表现出紧皱着眉头，咬着嘴唇等，仿佛也在同时体会着客户的痛苦。

当客户在描述一些欢乐事情的时候，我们应当表现出眼睛闪着光芒，流露出开心的微笑，让客户感受到我们也在同时体会着他的欢乐。

以上就是用同步客户的方法来配合客户的当下状态，作用就是给客户强烈的心理暗示：对面的这位销售人员非常理解我，懂得我内心的感受，我愿意和这样的销售人员多交流、多沟通。

3. 否定之前先肯定

做到让客户愿意和你说话，再给大家介绍一个方法叫作否定之前先肯定。

我们都经历过一些场景，就是客户表达出来对产品或服务的理解有不全面的一些地方，所以在这个时候我们有必要澄清一下关于产品或服务的正确信息。

那么问题出现了，我们该如何否定客户的观点，再呈现出正确的信息呢？

这关系到一个如何照顾客户感受的问题。

还记得前面给大家介绍的"不协调行为"吗？"不协调行为"其中有一点就是否定对方。我还谈过销售人员一定要提醒自己不要出现不协调行为，也就是不要轻易去否定客户，因为这会让客户感受比较差，不太舒服。

想让客户喜欢你，愿意和你说话，我们表现出来的一言一行最好让客户感觉舒服，照顾他的感受。

如何肯定客户呢？我们一定不是肯定客户关于产品或服务的错误理解，而应该在他的言辞中找到一些肯定的点，比如他的态度、他的感受等。

举例来说，如果客户说：

"你们这个产品就是没有某某产品好。"

你不可以直接回复说："你说的不对，我们的产品在哪些方面是比那个产品要好的。"

如果你是客户的话，听到一个销售人员这样否定你的观点，你会是什么感受呢？因为任何人都不希望自己被否定，都希望自己的观点能够得到对方的认可。

这个时候，你可以这样说：

"您对产品的观察非常仔细和认真。关于这两个产品，我想说一下它们之间的不同点是哪些。"

接下来，你就可以介绍你的产品优点了。这样的话，客户会觉得和你交流非常舒服，因为你先肯定了他的认真态度，所以接下来你再说什么，他更容易听进去。

再举一个例子。客户说：

"你们的产品在某几个技术参数上似乎有点落后。"

这个时候一定不能直接说其实我们的产品在这几个技术参数上是很领先的，这样说又让客户感觉被否定了，所以前面一定要加一句：

"您真的是对这个行业的发展趋势非常了解。我想和您说一下，目前这几类主要产品在技术参数上的趋势是怎样的。"

用这样的方式可以让客户感觉你是一个非常照顾他感受的销售人员，他在内心中就会喜欢和你打交道，也就更大程度上愿意和你说话，为后面的发展打下一个良好的基础。

这一部分内容主要是针对客户提出的一些对产品的误解，应该如何去澄清。其根本的出发点一定是从照顾客户感受出发的。

本书还会给大家详细地介绍如何从更多的角度去照顾客户感受的方法，就是同理心的应用。

同理心会从更多角度教会大家如何照顾客户的感受，让客户更加愿意和你交流，尤其是在客户有情绪的时候，该如何先解决情绪问题，再解决事情的问题。

除了以上几个要点外，要想与客户交流的时候能够更有效地倾听，还要注意避免以下几点造成我们倾听不良的情况。

① 外来的干扰。在倾听的过程中，外来的一些干扰确实会对我们造成影响。

举例来说，当客户在认真地跟你交流的时候，你的手机响起来了。这个时候，你是接还是不接呢？

我相信这种情况很多人都遇见过，包括有的时候是微信、短信提示音等，这些外来的干扰都会影响我们与客户之间的顺利交流。

该如何避免这些外来的干扰呢？从我们自己的角度来说，我们应当养成一个习惯，就是在拜访客户的时候，最好将手机设为免打扰的状态，杜绝这些干扰的出现。

有些销售人员可能习惯设置成震动，认为震动不会影响客户，因为客户听不到。可能客户是听不到震动，不过震动一定会影响你，这同样是一种外来的干扰，会影响你与客户交流时候的良好倾听。

② 没有养成良好的倾听习惯。良好的倾听是一种习惯，但现在大多数人往往喜欢表达而不太注重倾听。

销售人员要时刻告诫自己，我认真地倾听对方说话了吗？因为倾听对一个销售人员来讲太重要了。

③ 听者的生理状况也会影响倾听。如果身体状况不是很好，可能也没有办法认真地倾听。如人都有三急的时候，无论是你自己还是对面的客户在这个时候，都无法很好地倾听。

④ 听者的心理状况。心理状况如何会影响倾听呢？如在拜访客户之前，你刚刚经历了一次让自己受到很大冲击的事件，此时你的心里充满了各种各样的声音，这个时候你一定是无法认真地去倾听的。所以，我们在拜访客户之前要能够保证自己的良好状态，才能和客户进行有效交流。

⑤ 听者急于表达自己的观点。这也是在倾听过程中经常会犯的一个错误，就是听者急于表达自己的观点。

我们都有这样的感受，在急于表达自己观点的时候，根本不会认真去倾听对方在说什么，也就是基本处在倾听的最低层次，仅仅是"我在"，而我们急于让客户说完之后表达自己的观点，这样的倾听肯定是无效的。你不可能用到倾听的最高层次，"我在听你想说的事"，因为你就是在等待客户说完而已。

以上是造成倾听不良的一些原因，从销售人员有效倾听的角度出发，这些都是我们在日常工作中要尽量避免的。

（三）同理心的运用

接下来要给大家介绍的是让客户愿意和你说话的另一个重要的方法——"同理心"。

同理心的英文是"Empathy"，直译过来的意思是"感同身受、同感、共鸣"，因此同理心就是围绕着"感受"出发。我给它的定义是：理解对方的感受，而不一定同意对方的观点。

同理心为什么重要呢？因为我们是和人打交道，而人一定是感性的、有情感的，所以我们在与客户打交道的时候一定要先解决感受问题，才能谈到产品的问题。

1. 同理心的几个要点

（1）同理不等于同意

同理一定是围绕着对方的感受出发，它代表的是感性，而同意往往是从理性出发，代表同不同意这样理性的观点。

（2）同理不等于迎合

我们经常在销售的过程中把迎合认为是同理。

比如客户说的任何一点，我们都会说"你说得对"，其实有时内心认为客户的表述是不正确的，但不敢反驳客户，所以只好说"你说得对"。这也不是同理心，只是迎合。

（3）同理不等于同情

有时候，我们会疑问我们给对方的一些同情心，是不是就是有同理心了呢？其实不是的。同情带有一些怜悯的成分，而不是理解对方的感受。

2.如何运用同理心

同理对方有两个步骤：第一是辨识出对方的内心感受，第二是把你的感受反馈给对方。

说到感受，我们通常会简单地认为感受是喜怒哀乐。其实，感受是复杂的。比如说"喜"，可以分为"开心""激动""兴奋"等。而"怒"呢，可能会有不同的级别，特别生气的勃然大怒、心里面有一点小小的生气等，都是不同的"怒"。"哀"呢，可能会有"郁闷""悲伤""失望""沮丧"等。还有一些其他的感受，比如"尴尬""紧张""无奈""困惑"等。

因此，感受是复杂的，还有的时候是有多种感受掺杂在一起的。

在运用同理心的时候，你要首先辨别出对方的内心感受，然后把你的感受反馈给对方，这才构成同理心的有效运用。同理心是有效沟通的前提。

电影《杜拉拉升职记》里面有一段经典的片段，就是由于没有运用好同理心而导致沟通失败的场景。

在这个片段里，女主人公 Rose 在公司工作了很长时间，但得不到升职的机会。他的前男友叫 David，作为同事关系还不错。

有一天下班，David 送 Rose 回家，而 Rose 刚从她的领导办公室出来，她又一次提到了要求升职，但又被搪塞地离开了领导的办公室，大家可以想象 Rose 当时的感受是怎么样的。

在 Rose 上车之后，就和 David 发生了下面一段对话。

Rose：我就是要看他能敷衍我到什么时候，我应该升职啊！

David：你还是不要那么着急，升职是早晚的事。

Rose：我不要再听"早晚"这个愚蠢的借口，我已经听了好多年了，烦死了。

David：可是你从另一个角度想想，有哪里可以做得更好吗？比如说……

Rose：喂喂喂，所以我是有哪里做得不够好吗？

David：我不是那个意思。

Rose：你就是那个意思啊！我是有哪里做得不够好？我在这个岗位上做

了那么多年，我的能力谁都看得见，这是我应得的！算了，你不懂的，我没办法和你沟通，反正我们也分手了。

David：这和我们分手有什么关系啊？

Rose：还好没有结婚，否则不是你疯就是我疯。

对话到这里已经无法再开展下去了，两个人就陷入了沉默。

这个故事告诉我们，同理心的运用对于有效沟通是多么重要。即使David有再好的建议想给Rose，但是因为前面没有同理心的运用，导致建议根本就没有机会提出来，因此沟通很失败。

我们用这个例子来做练习，一起分析一下Rose当时的内心感受是什么？

她的感受可能是委屈，还有生气。如果你是David，你该如何说才能够让Rose感受到你的同理心，从而愿意听你继续说下去呢？

David或许可以这样说：

"你的能力谁都看得见，你工作也非常努力和认真，又很负责任，所以公司这么多年不给你升职，我认为真的对你不公平！"

如果你是Rose，在刚说出公司敷衍我、不给我升职的时候，David说出这样一句话，是什么感受呢？"哦，看来他是懂我的。"接下来他再提任何建议，她才有可能会听进去。

因此，通过同理心的运用，可以构建一个很好的沟通平台。如果这个平台没有搭建好，沟通肯定是无效的。

为了让大家进一步了解同理心在日常工作和生活中的作用，再给大家举一个例子：

设想你是一位父亲，有一个上小学五六年级的儿子。儿子最近入选了校足球队，他自我感觉相当不错，而且对足球充满了兴趣。

你当然很开心看到儿子很享受这项运动。结果有一天他放学回来后，气急败坏地说：

"我再也不去踢足球了！"

你一定会跟他说："什么情况，跟爸爸讲一下吧。"

他说："我们球队的那些队员都是些笨蛋！我的位置很好，他们就是不给我传球，我都没有机会拿球射门！我以后再也不踢足球了！"

作为父亲，你该怎样与孩子展开交流呢？

可能有一些父亲会想着引导孩子在自己身上先找问题，说："你要想想为什么他们不给你传球呢？"

你的儿子听后很有可能不看你一眼，转身就走，根本不愿再和你继续交流。

为什么会这样呢？因为你没有识别出孩子当时的感受和情绪是什么。

同理心的应用要先感受和了解对方的情绪，首先要让他从情绪中走出来，并且立刻能感觉你是非常理解他的。

只有做到第一步，才有可能进一步引导沟通对象和你交流。所以，你可以这么讲：

"是啊，我儿子球踢得相当不错，他们不给你传球，是没有认识你的价值，我要是教练一定会狠狠地批评他们！"

这个时候，他一定感觉到你是懂他的、了解他的，是和他站在一条战线上的，所以愿意和你做进一步的沟通，你才有机会引导队友不给他传球的原因，如可能是停球不太好，或者射门技术还要提高等，所以要通过刻苦训练提升能力来让队友相信自己。

我们从内心当然希望孩子能够多参与足球这类体育活动，不仅对身体有好处，又能培养团队意识。千万不要因为我们一个不太注意的同理心运用，挫伤了孩子对这项运动的兴趣和积极性，那就得不偿失了。

关于同理心的运用，还有一点要提醒大家，关联词很重要。我们往往会喜欢用一个词叫"但是"，这个词在同理心沟通过程中会起到一种不太好的效果，会让对方觉得你前面说那么多，原来都只是对他的一种敷衍。

在前面，我曾经给大家提过关于"但是"的运用问题，因为"但是"表达一种转折关系，会给人感觉重点在后面。

比如刚才那位父亲如果这么说：

"是啊，我儿子踢球相当不错，他们不给你传球，是没有认识你的价值，我要是教练一定会狠狠地批评他们！但是你自己想想有什么问题吗？"

孩子刚刚觉得你懂他，想和你再沟通的欲望一定被这个"但是"给打回去了。因为他会感觉你刚才是在敷衍他，内心还是想教育他。

用哪个关联词更合适呢？我建议大家把这个关联词改为"同时"。因为"同时"代表着接下来要说的话和刚才的话是并列关系，而不是转折关系。

这样，对方的感受是你刚才说的话是发自内心的，接下来要说的建议也好，其他的想法也好，也是发自内心的，就是并列的关系。

还是举刚才那个例子：

"是啊，我儿子踢球相当不错，他们不给你传球，是没有认识你的价值，我要是教练一定会狠狠地批评他们！同时我们来想一想，我们要怎么做才能让他们给你多传球呢？"

这样沟通的话，孩子会感觉你确实是懂他的，理解他的感受，在这个基础上，他会愿意接受你的引导。

这一点在日常交流中也同样重要。

大家在日常工作中都经历过一些这样的场合：跨部门一起开会，其他同事刚做了一个介绍，领导会让我们发表评价。

我们往往会这么说：

"这位同事做得挺不错的，但是我有一些建议。"

这会给对方什么感受呢？

他的感受一定是前面几句都是在敷衍，后面才是真正的重点！

如果改成"同时"，比如这么说：

"这位同事有哪几点做得挺不错，同时我有一些自己的观点，我来谈一下。"

这样的话，对方的感受是截然不同的，因为他觉得你对他的赞扬和认可是真诚的、发自内心的，所以他也会更加认真地听接下来的建议和想法。

为了进一步加强大家对于同理心的了解，再举个实际工作中的例子。

比如说要拜访一个客户。刚进他办公室的时候，你看到他可能在电话里和另外一个人说得不太愉快，有点无奈地挂了电话，紧接着问你："找我有什么事？"

这个时候，你是直接说你的事呢，还是说一句同理心的语言表达效果会更好？

如果你是一个同理心运用的高手，就可以通过刚才的观察敏锐地觉察他此时的心情，如果你先加一句：

"唉，有些事情有的时候是让人挺无奈的。"

如果你是这个客户，你会对对面的这个销售人员产生什么感受？

再举一个例子。如果你是一个快速消费品的销售人员，日常拜访的对象会有一些超市的店主或者店员。在拜访现场，你看到这个店主或店员与一些不太讲道理的顾客有些争执刚刚结束，那么你的开场要先辨识对方内心的感受，对方此时有些生气，所以你开场时第一句话这样说：

"有一些不讲道理的人，是挺不可理喻的。"

他一定会感觉：这个人会和我站在一个角度来考虑问题。同样的，他就愿意跟你进行沟通和交流。

对于销售人员来讲，让客户愿意和你说话是有效沟通的开端。这样的例子在日常生活和销售工作中比比皆是。大家留心会发现，有很多场合，销售人员同理心运用得不好。

因此，大家一定要学会同理心的运用。再强调一遍：一要辨识出对方的内心感受；二要把你的感受反馈给对方。做好同理心，是一切有效沟通的前提。

总之，同理心的运用对于销售人员非常重要，因为这特别能够反映出销售人员的人际敏感度，而销售是一个对人际敏感度要求非常高的工作。因为我们是和人打交道，而人是感性的，所以我们必须要足够考虑客户的感性才能让客户愿意和你说话。

同理心练习：

（1）你们公司这个交货周期太差了，别的公司都一个月，凭什么你们公司要三个月！

你的同理心：＿＿＿＿＿＿＿＿＿＿＿＿＿＿＿＿＿＿＿＿＿

＿＿＿＿＿＿＿＿＿＿＿＿＿＿＿＿＿＿＿＿＿＿＿＿＿＿＿＿

（2）你们这个产品还可以，但是凭什么比另一个牌子要贵那么多！

你的同理心：＿＿＿＿＿＿＿＿＿＿＿＿＿＿＿＿＿＿＿＿＿

＿＿＿＿＿＿＿＿＿＿＿＿＿＿＿＿＿＿＿＿＿＿＿＿＿＿＿＿

（四）根据客户性格调整沟通方式

前面我们学习了沟通的55387原则、积极倾听以及同理心的运用，这些都是我们日常工作中随时要注意的要点，也是相对普遍使用的一些原则。同时，大家可能会有一些这样的体会，就是不同的客户对各个细节的要求程度似乎有所不同。比如，有些客户特别要你照顾他的感受，而有些客户好像无所谓，这是为什么呢？我们该如何掌握和不同客户打交道的方式呢？

下面会带给大家另一部分内容，就是如何根据不同客户的性格分型来调整沟通方式，包括前面介绍的具体技巧都要伴随着客户的不同而应用程度不同。

1.为什么要根据客户性格调整沟通方式

首先，我给大家介绍一下与人打交道的两种法则，分别是黄金法则和白金法则。

黄金法则：待人如待己。

白金法则：待人如所欲。

待人如待己，就是我们都听过的一句话，叫作"你要想别人怎么对待你，那么你要先怎样对待别人。"

这句话是没有错的，比如诚信、尊重、宽容等。如果你不尊重别人，你还总是想别人为什么不尊重你？如果你是小肚鸡肠、睚眦必报，你还想为什么有人对我那么苛刻？

如果你在诚信方面做得不好，有时候会没有原则，没有担当责任的勇气，遇见事情先想把责任推出去，你身边的人有时候就会用同样的方法对待你。因此，我们一定要求我们自己先做好，身边的人才会同样对待你。

这就是与人打交道的黄金法则"待人如待己"。

随着社会的进步与发展，黄金法则现在在有些方面不够全面了，尤其是在性格方面，比如说有的人认为自己是什么性格的人，就会以这种性格喜欢的方式去对待别人，而在这个过程中就出现了一些问题，比如：你很热情，结果发现有人不喜欢太热情；你做事很细致，结果发现有些人喜欢粗犷；等等。

因此就有了白金法则的出现，叫作"待人如所欲"。也就是，别人希望你怎么对待他，你就用对方希望的方法对待他。

为什么会这样呢？因为现在大家的自我意识都在提升，每个人都希望沟通对象能够更加照顾自我的感受，更加被对方所尊重。因此，白金法则成为与人打交道的重要法则。白金法则的核心一点，也是相对容易掌握的一点，就是我们在和沟通对象打交道的时候，能够做到了解对方的性格特点，用这种性格特点最喜欢的方式和他沟通，从而让对方感受很好，愿意交流与交往。

白金法则对我们有什么帮助呢？

我在实际工作中经历过一次印象非常深刻的事情。

我的团队里有一位同事，她是一个很关注自我以及他人感受的人，平常非常注重与人的沟通和交流。

与相同类型的客户打交道，也就是同样很关注他人感受的客户，她的工作得心应手。她的运气也不错，重要客户基本上是这种类型，所以与这些客户沟通合作得都挺好。

有一次，她新接手了一个市场，而其中一位很重要的客户风格和她以前打交道的客户不太一样，他好像不太关注别人的感受，做事雷厉风行，对待下属和供应商都比较严厉，并且不苟言笑。我们这位销售人员还在用以往的方式和这位客户建立关系，增进感情，结果发现好像不太有效。

她当时做了这样一件事情，让我记忆深刻。

因为她以前会用给客户送早餐的方式去感动客户，并且在一些客户身上取得了一些效果，所以她还想用同样的方式来打动这个客户，让客户接受她。

在初期的时候，她连续两天早上拿着早餐在客户办公室楼下等他，客户刚开始还说"不用了，谢谢"，就不理会她直接进了自己的办公室。

这位销售人员当时觉得有些失望，怎么和以前的客户反应不一样呢？所以她没放弃，还想用这样的方法来感动客户。她决定继续送早餐，我用时间打动你！

但她没有想到的是，当她第三天、第四天再带着早餐出现的时候，这个客户表现出了强烈的反感，根本不再理会她，连看都不看她一眼。直到有一次这位客户直接说："你再这样的话，我就把你赶出去，没事情的话不要来影响我们的正常工作！"我们这位销售人员也很受打击。

为什么会这样呢？这就是下面要给大家介绍的性格分型理论。

2. 客户的性格分型及沟通要点

销售人员在刚开始跟客户打交道的时候，要学会一种重要的技能，就是能够根据不同的客户性格来调整自己的沟通方式，从而让客户愿意与你交流。

我们在实际销售工作中可能有过这样的感受：同样的沟通方式，有些客户感觉挺好的，但是对另外一些客户呢，好像没那么有效果。

有一些客户，大家可以一起出去吃饭喝酒唱歌，都很开心，可是有一些客户不会答应这样的邀约。

有一些客户平易近人，跟他打交道觉得特别舒服，他也很照顾你的感受，对你很客气，非常容易和他进行交流，每次都可以聊很久。但有一些客户就没有那么好打交道，态度也不热情，恨不得不给你说话的机会，你稍微多说几句他就会打断你，表现得很不耐烦，让你快点说重点。

原因是什么呢？这就是我要给大家介绍的内容：性格分型。

关于性格分型，大家一定听说过，而且有各种不同的性格分型方式，比如PDP、DISC、全脑分型的HBDI，还有九型人格、MBTI等。

大家也许注意到了，前几个（PDP、DISC、HBDI）都是分了四类，而九型人格分了九类，MBTI分了十六类，这是因为有不同的几个因素，而这些因素决定了有几类分型。

两个因素是二的平方，分四类；九型人格是三个因素，因此分九类；同理，MBTI是四个因素，所以分十六类。

我们作为销售人员，能够用相对简单的方法来判断客户是最有效的。因此，我给大家推荐的是相对比较简单的方式，就按照客户是相对热情还是相对冷漠，相对直接还是相对间接，把客户分成四种性格类型（主要来源于DISC和PDP），如图2-3所示。

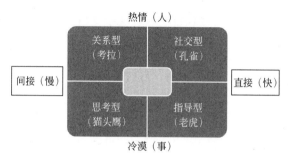

图2-3 客户的四种性格类型

为什么要用尽量简单的方式呢？大家如果做过性格分型测试的话，就知道简单版也要有三四十道题，复杂的可能有上百道题。

我们在和客户打交道的时候，你不可能先给对方一套题，说您先测试一下吧，让我了解一下您的性格分型，然后再开始和您沟通。这显然是不可能的。

基于这些原因，我给大家介绍这种相对简单的方式，非常易于掌握。更重要的是，我要教会大家在与客户打交道的前几秒，通过观察一些细节，比如穿着、办公室环境、体态语言、面部表情等，就可以判断出他的性格分型，从而用"待人如所欲"的方式和他沟通，创造更有利的沟通氛围。

以下就是这几种性格分型的介绍。

第一种是相对热情又比较直接。这样的客户，我们称之为社交型。在其他一些性格分型里面把这种客户比喻成"孔雀"。

这种类型的客户有什么特点呢？首先，他一般比较好交流和沟通，相对也比较豪爽，快人快语。有什么想法，他愿意直接告诉你，不用让你很费劲地去想。

如何判断这种客户呢？

第一，这种客户面部表情很丰富，说话的时候会看着你的眼睛，肢体语言大部分是开放式的，语速相对偏快。

第二，着装相对比较时尚，如果是女客户的话，她们的发型可能会染一些颜色，会是比较时髦的流行发型。

第三，他的办公桌以及他的办公室基本上是以温暖的风格为主，但是不一定很整洁，会摆出一些家人或者团队的照片等。

对于这种客户，我们在跟他打交道的时候，也要特别展现出你的热情以及对感受的关注。比如刚开始寒暄的时候，可以聊一些他的兴趣、家人的情况等比较容易接近和打开的话题，他们就愿意和你多说。

另外，这一类客户往往会对一些新奇以及有新鲜感的事物比较感兴趣。

他们不喜欢太过细节的东西。因为他们对新事物和新鲜感非常感兴趣，而且关注自己的感受，所以在给他们介绍产品的时候，你一定要能够从这个产品的新奇性和独特性方面出发，让他们感觉使用这个产品会给他们带来不一样的感受和一些独特的体验。这样，他们就会喜欢你的产品。

这类客户相对比较容易接受邀约，如出去吃吃饭、喝喝酒，可以充分地开心交流。

因此，这种客户相对来讲是比较好打交道的一类客户。

第二种，按照性格分型的矩阵来讲，社交型客户对角线的客户往往表现出来相对比较冷漠，面部表情也不丰富，肢体语言也很保守，而且总是一副很严肃的表情。我把这类客户叫作思考型客户，用动物来形容就是猫头鹰。

大家可以想象猫头鹰的样子，就是蹲在树上，一言不发，两只眼睛瞪得很大看着你。给你的感觉就是：我就看你在这里表演，看你能表演成什么样子。

与这类客户刚开始打交道的时候，我们可能会有一点紧张，因为他不像社交型客户那么热情。

如何判断出这类客户呢？

第一，面部表情是严肃的，并且不太多，让你感觉他在用挑剔的目光看着你。肢体语言往往是封闭式的。

第二，服装相对保守或中规中矩，也不会有太夸张的发型以及饰品等。

第三，他的办公桌一定是比较整齐有序，一切都显得非常有条理。

这类客户的特点是做事情非常注重数据和流程，所以在跟他们打交道的时候，比如在进行沟通或者描述产品时，一定要表现出非常有步骤，一步一步地给他讲清楚，切忌快速带过或含含糊糊。没有相应的数据等能够支持你的说法，会让他们觉得你没有可信度，从而不愿意和你打交道。

这类客户还有一个特点，就是安全感比较差。他们在考虑问题的时候往往会考虑一些不好的方面，总是有这样或者那样的担心，所以在给这类客户介绍产品的时候，你要特意介绍产品在安全性方面表现如何出色，这样才能够打消他们的顾虑，不会因为在使用你的产品之后在安全性方面给他们带来一些困扰。

第三类客户在性格分型里面相对来讲比较直接，他们也不关注他人的感受。这类客户的特点是做事情相对直接，会直接要求结果而不会太多考虑你的想法，我们把这类客户叫作指导型客户。用动物来形容就是老虎。

前面那个把送早餐的销售人员赶走的例子，那位客户就是一位典型的老虎型客户。

如何判断出这类的客户呢？

第一，这类客户面部表情一般也不多，目光往往是直视着你，给人一种压迫的感觉。肢体语言相对也是比较封闭。

第二，穿着相对正式，也不会有太多的流行元素，穿着正装的可能性较大。

第三，办公桌以及办公室的环境简单简洁。

在和这类客户打交道的时候，我们要能够直接呈现出产品的优势和特点能给他带来什么样的结果，因为他们对优势和特点会比较关心，就是从结果导向出发。交流的时候说话要简洁，不需要太多的铺垫。适当运用一些同理心就好，甚至不用的影响也不会太大，总之就是简单直接，直接达到目的就可以。

这类客户往往给人的感觉是不会特别关注你的感受，感情也不是那么丰富，就是达到他的目的就好。

第四类客户在性格分型矩阵中在指导型的对角线，叫关系型。用动物来形容就是考拉。

考拉会给人什么样的感觉呢？是不是感觉考拉就是安安静静地被人抱在怀里，人畜无害？这类客户相对来讲非常关注别人的感受，并且没有那么直接，给人感觉很舒服，很尊重人。

这类客户的表现会有以下几个特点：

第一，面部表情非常温和。他们会用关注的眼神看着你，当你给他做了一件如倒水之类事情的时候，他一定会看着你的眼睛给你道谢，说话比较温柔。肢体语言也会以开放的居多。

第二，这类客户穿着方面以休闲舒适为主。

第三，办公室一定会比较温馨，一般会有家人及朋友的照片等。

这类客户情感相对来讲会比较丰富，也非常感性。

我们在跟这类客户打交道的时候要从情感方面去打动他。你可以事先想几个比较打动人的故事或者案例，他们会对这类的故事和方法感兴趣，而且会被感动。在交流的时候，你要特别注意照顾他的感受，多用同理心，多以情动人。

总结来说，社交型和关系型的客户通常会关注别人的感受。若邀请他们外出就餐以及一些业余活动的时候，他们会比较有兴趣去参加，在这个过程中增进感情的加深会是比较有帮助的形式。而思考型和指导型的客户，他们一般不会关注太多和对方感受相关的事情，所以想邀请他们出去吃饭这样的方式增进感情往往是效果有限，或者根本就约不出去。对这类客户来讲，我们要做的是清晰有效地将产品的优势特性以及利益传递出去，让他们感觉你是一个专业、严谨、做事按部就班的人。这类客户会对这样的销售人员产生好的印象，从而愿意合作。

表2-1是根据客户的不同性格分型，从开场白、兴趣点、如何询问、如何处理异议、如何订立合约、后续服务的要点等给大家的一些建议，供大家参考。

表2-1　与不同性格类型客户沟通的要点建议

指导型	
开场白	开门见山，直陈拜访目的和需占用时间，请求对方允许
兴趣点	问题的解决方案和效益，切忌离题和绕圈
如何询问	要直截了当，并且告诉对方提出每一个问题的目的。让对方主导，每提出一个建议，都问一句"您觉得可以吗？"
处理异议	把利弊得失摊开，大家摆观点，对方为"对事不对人"，所以不必过于担心针锋相对
订立合约	爱憎分明，走关系套交情效果不大
后续服务	兑现承诺，出问题按合约办；礼多反诈，点到为止
上级压力[①]	保留自己的观点

续表

社交型	
开场白	不要直奔主题，插入笑话、闲话，直至调动气氛，然后很随便地转入主题
兴趣点	和别人不一样的东西，新鲜事物，而不是技术细节
如何询问	能触及对方的快乐和痛苦，让他多谈出问题或需求，然后顺着往下问
处理异议	一定不要伤感情。有时搁一搁也就忘了。苦肉计能奏效
订立合约	打铁趁热，时间一长热度就没了。会酒后签单，事后不舒服一下也就算了。能用情打动
后续服务	不时问候
上级压力	不快乐，逃避
关系型	
开场白	先谈点无关痛痒的话题，多赞美对方，营造良好氛围
兴趣点	告诉对方你的兴趣，试探对方的反应，反应不对立刻换话题，直至对方打开话匣子。不要怕试探，因为对方觉得这很正常。你需要什么方面都懂一点
如何询问	不能直接问，要通过暗示。尤其是初次见面，要设法让他慢慢放松 对方说话通常小心翼翼，不直接亮观点，例如不说"我同意"，而是说"你说对了"。切忌"交浅言深"
处理异议	提供几个方案，让对方安心。当对方说不满意 A 时，提防他实际不满意的是 B。如果你不能领会，对方会继续提不痛不痒的问题，说话模棱两可
订立合约	不能逼得太急，除非关系到了，但可以用"万一"催促
后续服务	一定要不断维持关系，否则信用破产。答应的一定要补上。出问题一定要说明原因，以便他能给别人交待
上级压力	有效
思考型	
开场白	简单寒暄，不要过度开玩笑
兴趣点	问题的解决方案，新资讯，过程细节而非结果，提供书面材料，细细讲解一遍，他还会自己再看一遍
如何询问	顺着思路往下问，不要离题。喜欢精致深刻的问题，和他一起思考，有问必答
处理异议	清楚自己的缺陷和应答。通过提供新信息、新思路改变对方的观点，但不要代替他做判断。不要否定。不要下断言。要先讲"因"再讲"果"
订立合约	该签时会签。可用时间表催促，或说服对方暂时搁下一些次要问题
后续服务	不用太多关怀，别占太多时间。如果结果与预期不符，应及时处理，解释原因，与对方一起回顾原来的思路，拿出实际行动。对方不会把责任都推给你
上级压力	分析后果，从技术上提意见，后续挑毛病，走着瞧

①上级压力是指在复杂性销售中，你用对方的上级给他一些压力的话，对方的表现如何，是否会有效。

　　综上所述，要想在一开始就能够让客户愿意跟你说话，了解性格分型对销售人员来讲是非常重要的一件事情。

　　我们首先要能够判断自己是哪一类性格比较突出，而在跟客户打交道的时候，要能够运用刚才介绍的一些方法快速地判断出客户属于哪一类性格。

因为那些判断方式同样适用于自己，所以在判断清楚自己属于哪一类性格分型之后，尤其要注意的是，当客户的性格是处在你的对角线区域的时候，也就是：你是思考型，客户是社交型；你是社交型，客户是思考型；你是指导型，客户是关系型；你是关系型，客户是指导型。

这种对角线的分型是最容易产生沟通问题的。

在这种情况下，一定要运用白金法则，用客户喜欢的沟通方式去跟客户展开沟通，也就是要根据不同客户的性格分型来及时调整你的沟通方式，从而达到让客户愿意跟你说话的效果。

我们要明白，任何事情都是相对的，所以我们不能用这样的方式去机械地套用，而应该学会在实际交流过程中去灵活地判断和应用。

无论是肢体语言的运用、同理心的运用或者客户性格判断等技巧，有一点要提醒大家，就是一定要让客户感受到你是真正发自内心的，而不是在简单地使用技巧。

因为客户是非常敏锐的，如果他感受到你运用了一些技巧，比如通过肢体语言表示出对痛苦的感同身受，但客户如果感受不到来自销售人员的真挚情感，他一定感觉你最终的目的还是为了达成销售。

这个时候，客户会感觉非常不好，而这一点是销售人员一定要注意的，因为客户每天要见太多的销售人员，他们对于人的判断是非常有经验的。

（五）自我觉察力的思考

前面介绍了让客户愿意和你说话的几个重要方法。如何才能做到真正去感知客户的感受，而不是只流于技巧等表面形式，并且让客户感受我们是真正在乎他们的感受，从而愿意和你说话呢？

提供一个建议，这个建议不仅可以应用于这些方面，还可以应用于销售技能提高的任何一个方面。

这个建议是一种思考方式，叫作增强自我觉察力的思考。

这种思考适用于任何与客户在一起时的事后反思，可以从以下几个方面开始：

今天我和客户在一起的时候表现怎么样？

我是否有哪些细节没有及时留意并给予客户有效反馈？

今天我在哪些方面做得不够好？

到底是什么原因让我的反应不够高效？

今天我有没有做哪些事情失去了对情绪的控制？

要做到这一点，首先是放空自己，开始真正的休息和思考。

以往我自己在做销售的时候就养成了一个习惯，在每天上午开始工作前，固定拿出 20～30 分钟时间来进行思考。

思考什么呢？首先我会围绕今天即将开始做的一些事情进行一些预想。其次，我会对自己昨天的状态以及跟客户在一起时的表现进行一些反思，而这种思考会给我带来特别大的帮助。

因为我启动了增加自我觉察这种方式。请正在阅读本书的各位认真考虑一下，你有多长时间没有去真正的思考了。

从事销售的人员，每天都要面临各种各样复杂的事务，每天的工作节奏非常快，我们几乎没有时间静下心来思考。

思考，也就是通过自我觉察的方式，真正做到反思自己有哪些可以提高或者进步的地方。这些反思出来的结果，才能真正提升个人能力，增加销售产能。

我在管理销售团队的时候，经常强调的一点就是你是否每天会拿出 20～30 分钟时间，静下心来放空自己开始思考。

你可以围绕着与客户在一起的细节，细化到客户的一个表情、一句话以及你是如何表现的等进行思考。

遗憾的是，很多销售人员一直保持在一种繁忙和紧张的状态，而没有机会去认真地反思和思考。

举一个常见的例子来看一下我们对自己的管理以及反思，就是培训时手机对我们的影响。

在培训的过程中我经常会说，大家有没有考虑过，是你管理手机还是手机管理你？

其实判断方法非常简单，如果手机面朝上，只要它一亮你就想看的话，那一定是手机管理你。只有你把手机面朝下放，真正在你需要去看的时候，比如说课间休息的时候再去看，这才是你管理手机。

对于手机的两种不同的态度，反映出我们是否能够真正有效地管理自己的时间以及行为，也可以看出大家是否会运用反思和思考。

现在很多销售人员真正能够集中注意力的时间很短，不会超过 10 分钟，因为我无论在培训过程中还是管理销售团队开会的过程中，经常会看到很多销售人员时刻在查看自己的手机。这种行为可以用一种销售注意障碍来形容，如果总是保持这种习惯，客户有时候也会感觉你失去了专注力。专注力的缺失一定会导致失去销售结果。

因此，我建议大家每天抽出 20～30 分钟进行专注反思和思考，就像进入一个无烟区一样，先不用考虑销售结果以及一些客户提出的各种要求，我们只要思考前面提到的这几个问题就好。请大家再看一遍：

今天我和客户在一起的时候表现怎么样？

我是否有哪些细节没有及时留意并给予客户有效反馈？

今天我在哪些方面做得不够好？

到底是什么原因让我的反应不够高效？

今天我有没有做哪些事情失去了对情绪的控制？

当然，还可以扩大这个问题库，关键是这种习惯的养成。

这类问题的思考一定会提升你的自我觉察力。这种自我觉察力的提升是行为改变的基础。我强烈建议大家养成这种自己反思的习惯，通过自我觉察力来判断自己在哪些方面依然可以取得提升。这种提升不但是客户愿意和你说话的基础，还是提高思维水平的一种重要方式。

第三章
客户愿意听你说事

From Acquaintance
to Make A Deal
Advanced Four Steps of Sales Champion

No.3

在掌握了沟通的 55387 原则、积极倾听与配合艺术、同理心的运用等之后，我们可以在第一步的基础上再上一个台阶，让客户愿意和你说话，从而避免与客户第一次见面就让他从心里感觉你不是一个他愿意打交道的人。现在，与你的心仪对象见面之后，对方觉得这个人还不错，和他聊聊吧。

销售人员能够做到让客户首先愿意跟你打交道，这是我们作为一个成功销售人员的基础。

但是只有第一步是远远不够的，所以接下来给大家介绍影响客户购买的第二个心理阶段，也就是第二个台阶：客户愿意听你说事。

怎么可以做到客户愿意听你说事呢？

客户觉得你是一个不讨厌的人，他愿意和你说两句话仅仅是一个基础。但是听你说什么呢？如果说得无聊，他还是懒得理你。所以在第一个台阶的基础上还要做好几件事情，先给大家带来一个概念叫作"有效的销售空间"。

我们有没有这样的感受，如果跟客户在一起交流或者拜访的时候，你占用了客户的时间，时间能代表有效的销售空间吗？

我们有没有在销售过程中出现过如下这些情况：你在跟客户不停地说，介绍产品这样好、那样好，但是客户呢，刚开始可能还听几句，很快他就开始想一些别的事情，比如他会开始看看手机，不再注意听你说话。

因为第一步关于让"客户愿意和你说话"做得还不错，所以客户又不太好意思直接拒绝你或者把你赶走，但是他内心一定想的是："我也不知道这个销售人员在说什么，我自己还有事情要处理，那我忍忍吧，让他说完之后，赶快让他走。"当然，不排除老虎型的客户已经打断你并把你赶走了。

我们要问自己，这样占用客户的时间是有效的吗？能够构成有效的销售空间吗？答案肯定是否定的。有效的销售空间，不但要占用客户的时间，还要吸引客户的注意力。

一、销售人员需要有效的销售空间

有效的销售空间由两部分构成，如图3-1所示。

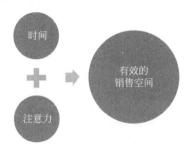

图3-1　有效的销售空间

第一部分是客户的时间。销售人员首先要能够占到客户的时间，客户愿意把时间给你。

第二部分更重要，叫作注意力。前面介绍了一些拜访客户时经常遇到的现象，比如客户心不在焉、只顾自己的事情不用心听等。这都是因为没有成功吸引客户的注意力。当客户没有给你注意力的时候，你只是占用了客户的一定时间，这并没有构成有效的销售空间，当然不会给销售工作带来帮助。

因此，有效的销售空间对于我们非常重要。作为优秀的销售人员，要无时无刻地关注客户，时刻提醒自己是处在有效的销售空间中吗？只有做到这一点，才能让销售步骤向前推动。

二、运用好奇心创造有效的销售空间

从图3-1可以看到，只有时间和注意力加到一起才构成有效的销售空间。该如何吸引客户的注意力呢？

我给大家介绍的方法叫作激发客户的好奇心。

关于好奇心，我们都有这样的感受，如一个同事说："我一会儿去找你啊，有个事情和你说一下。"

你是否立刻会产生强烈的好奇心？你一定会想："什么事情？好事还是坏事？"

再如你的领导打来电话："半小时之后到我办公室来一下。"是不是好奇心又来了？

这就是好奇心的作用。这一点对任何人都是一样的，包括我们的客户。因为销售对象越感到好奇，他就越想和你交流，越想听你说下去，你就有越多的机会增加服务价值和提供产品的方案。

也许激发销售对象的好奇心只需要 10 秒钟，但这 10 秒钟可以让客户完全投入你想讲述的内容里，他会愿意听你说事，愿意听你介绍产品，最终可以和你建立长久的互动关系。

因此，好奇心的运用对销售人员来讲非常重要。

关于好奇心的运用方式，其实我们要留心的话，可以看到很多销售手段都在运用好奇心。

如我们在用手机浏览新闻的时候，突然发现一条内容一下子就吸引了你："如何不用运动，还可以每个月瘦 10 斤？"

难道不运动也可以减肥吗？这个宣传一下子激起了我们的好奇心，结果点进去一看，原来是一个 App 的广告。

大家手机上的好多 App 都处在沉睡状态，而这种状态对于 App 开发者是没有任何意义的。App 的开发者会想尽办法，如用一个让你感觉好奇的标题来引起你的好奇心，从而去多使用他们的 App。

这样的例子还有很多，数不胜数。

比如好莱坞的系列电影为什么都会有彩蛋？目的只有一个——通过几个镜头制造一个悬念：坏人居然没有死？他又复活了？又干了什么坏事？我们的超级英雄们怎么办？

这一系列引发好奇心的问题最后会带来一个结果，观众会强烈地期待下一部快点上映，以解他心中的各种疑惑。

这就是好奇心带来的作用。

三、激发客户好奇心的方法

前面这些 App 等用的方法对我们的启发就是该如何激发客户的好奇心，从而创造有效的销售空间，能够使你和客户进行有效的交流。

这也是一个优秀销售人员的重要基本功。

下面给大家介绍两类激发客户好奇心的方法。

（一）用不同的提问方式来激发客户好奇心

1.激发客户回应

最简单的问题就可以激发客户的好奇心。

比如在跟客户刚开始聊的时候可以问：

"我可以请教您一个问题吗？"

这个问题就是激发客户好奇心最简单的一个方式。

他一定会想："嗯？他会请教我什么问题呢？"这样，你就有机会问出你想问的问题。

2.提供一个不完整的信息

举例来说，可以这样跟客户交流：

"我们的工程师刚才测试了贵公司的系统，他告诉我可能会有一些发生问题的风险。"

客户会是什么反应呢？他一定会想"究竟是什么风险？"所以会问：能告诉我是什么风险吗？

你将有机会从这个风险的描述出发进入产品介绍以及推广工作中去。

3.价值闪现

如果你是一家咨询公司的课程销售顾问，在拜访客户的时候想销售大客户管理的课程，可以运用价值闪现跟客户交流：

"通常来讲，销售人员在维护大客户方面都有很大的问题。比如说大客户对他的信任程度不够，销售人员对客户的业务模式了解也不够，所以他们之间的合作高度是不够的，会影响与客户长期的合作关系，容易被竞争对手抢走市场份额。我们公司的大客户管理课程，可以帮助销售人员解决这个问题。"

这就叫价值闪现。

如果你是负责销售或者是负责支持销售部门的同事，在听了这个课程顾问的介绍之后，是不是立刻会产生好奇心？

因为大客户管理确实是销售人员经常遇见的问题。你听他这样说了之后，是不是特别想知道这门课程究竟能如何帮助销售人员与客户建立更好的合作关系呢？

是不是会给他充分的时间来让他介绍这门课程，具体是怎么设计的以及如何给大客户管理带来帮助。

这就是价值闪现带来好奇心的作用。

4. 新奇性

所谓新奇性，就是要让客户有这种感受：

"咦？我以前不知道也没有听说过。"

比如在拜访客户的时候可以这样说：

"我们公司在最近两个月推出了六个新产品，其中有两个产品可能直接影响贵公司的业务，所以我想问问我们是否能把这两个产品给您做一个解说呢？"

如果你是客户，会想："是什么新产品会对我们的业务有影响呢？"你就会给这个销售人员机会让他来介绍这两个新产品。

5. 独享性

"独享性"就是让客户感受到提供的产品或服务是专门为了他们公司定制的。

还用刚才那个例子，可以这样说：

"我们公司最近推出了六个新产品，其中有两个产品是专门根据贵公司的业务特点进行设计的，我可以介绍一下吗？"

这种独享性也会让客户产生强烈的好奇心，会驱使着客户让你介绍。

6. 运用群众的力量

这对销售人员首先要有一个要求，就是已经在使用公司产品的一些有名的客户，要能够把这些客户的名字背得滚瓜烂熟。这样在和客户交流的时候，能够脱口而出 4～5 个在业界比较知名的公司。

你可以这样说：

"在这个行业，某某公司、某某公司、某某公司、某某公司都遇见了同样的问题，您想不想知道他们是如何解决这些问题的？"

试想如果你是客户的话，你一定会对这些知名的大公司也遇见了同样的问题感到好奇，那他们是怎么解决的呢？你就会给这个销售人员机会，让他来介绍一下这些公司是如何解决同样问题的。

要做到"运用群众的力量"这一点，一定要经过练习，请大家现在就想出几个这样的公司并记录下来，开始练习一口气说出来。

（二）运用发邮件或者是发微信等方式激发客户好奇心

我会给大家介绍三种方法：

第一种方法是可以在邮件或者微信中间这样一个问题："我遇见了一个只有您能回答的问题，您能给我回复一个电话吗？"

第二种方法是："我遇见了某某情况，让我想到了您，请您给我回复一个电话好吗？"

第三种方法是在内部创造一个关联联系人，可以说："关于某某的问题，贵公司的 Alice 让我联系您，您能给我回复一个电话吗？"

以上这三种方式可以让客户通过你的短信、微信或者邮件等回复你的电话。因为客户越感到好奇，他就会越快回复你的电话，这种方法可以增加客户回复你电话的可能性。

通过学习激发客户好奇心的方法，我们掌握了如何能够让客户愿意听你说事情，而且会很有兴致地听你说下去。当然，这些方法的了解只是第一步，更重要的是在实际工作中能够熟练自然地运用。

思考题：结合自己的实际销售情况，设定激发好奇心的问题。

1. 激发客户回应

_____

2. 提供一个不完整的信息

_____

3. 价值闪现

_____

4. 新奇性

_____

5. 独享性

_____

6. 群众的力量

_____

No.

4

第四章
客户愿意听你介绍

From Acquaintance
to Make A Deal
Advanced Four Steps of Sales Champion

在成功踏上了前两个台阶"客户愿意听你说话""客户愿意听你说事"之后，我们已经完成了重要的两步。接下来就有机会给客户介绍产品了，因为客户这个时候是愿意给你机会介绍的。如何做好介绍，让客户愿意听，还认为你带来了价值，是这一部分要呈现给大家的内容。我会从可信度的重要性、如何快速建立可信度、长期信任从何而来、了解客户需求、特性利益转化五方面给大家展开介绍。

一、可信度的重要性

当我们自己作为客户的时候，如果你愿意和一个销售人员打交道，他的产品也激发了你的好奇心，你觉得你可能向他购买产品吗？

这就带来一个对于销售人员非常关键的问题——可信度。

在销售过程中，销售人员可信度的建立对于是否能够完成销售是非常重要的一个因素。

我们都有这样的感受，当信任一个销售人员的时候，你对于从他手里购买就会非常放心。但是当你对一个销售人员没有建立信任的话，你就不愿意从他手里购买，因为会有一种不是很踏实的感觉。真正促使我们下决心购买产品的一定是这种踏实的感觉，它会让我们自己说服自己这个购买是值得的，是安心的。

举一个真实的例子。

最近我的一个朋友介绍我认识了一位保险公司的销售人员。

她在第一次和我见面的时候，运用的方式就与其他的保险公司销售人员完全不同。

她的着装非常专业，这点相信大部分保险公司的销售人员都能做到。

更重要的是，在第一次见面的过程中，她基本上没有提任何关于公司的产品，而是在介绍保险的种类以及保险能够给我们的日常生活带来什么保障，还讲述了很多关于投资理财方面的基本知识，同时介绍保险也是投资理财方式中的一种，保险这种投资理财方式有什么优势和不足。

通过她的这些介绍，我对她建立起了非常好的一个印象，就是她非常专业，并且她是从我的角度出发考虑问题，所以我建立起了对她的可信度。这种可信度的建立，对将来我从她手里面购买保险是非常重要的一个保证。

由此可以得出一个结论，能否建立可信度，是一个销售人员能否完成销售业绩的重要因素。

因此，我会给大家介绍如何建立可信度，同时要清楚地认识一点：

任何销售人员的可信度，都是从零出发。

说起来很残酷，但这就是事实。你千万不要天真地认为你背后是一家大公司，你的前任已经打下非常好的客户基础，客户应该是对你有信任基础的。不会的，这一切对你个人的可信度都毫无意义。

有了清楚的自我认知，所以客户在刚开始的不相信是正常的。

无论你从事哪一种销售，简单销售还是复杂性的销售，建立可信度都无比重要。因为它会给销售取得成功带来一个良好的基础。

如何在客户心中建立可信度呢？接下来将从快速和长期两个方面给大家介绍。

二、如何快速建立可信度

我们在拜访客户的时候，是否能够快速地建立起可信度，一定会影响客户是否愿意放心地和你继续打交道。

我给大家介绍的方法叫作"开场十秒定胜负"。

要做到开场十秒定胜负，需要我们做到以下三件事。

（一）人很精干

为什么要表现出很精干？

大家可以结合自己平常和别人打交道时候的感受，我们是不是都喜欢和外表精干、反应迅速、能够快速了解你想法的人沟通呢？答案是一定的。

我们要做到思维敏捷，能够判断出客户的思路，并且能够听出他语言背后的意思，做到所答是所问，这样会让客户感觉我们思路清楚而且思维速度很快。

同时，客户会认为我们能力强，是解决问题的专家，可以帮助他们解决问题。

我们表现出的思维敏捷、决策快速、与众不同的沟通能力，让客户怦然心动，包括专业着装、语音语调、肢体语言等这些表现，以及第一部分介绍的沟通 55387 原则、倾听、同理心等，都与之息息相关。

（二）热心之至

在开场的时候，一定要表现出自己是一个热情的人。

这样，你就会发出潜意识的信息给客户，告诉他们你可以提供很好的服务，表现出乐观、热心、精力充沛，因为热情是具有强感染力的。

我们都喜欢跟热情的人打交道，热情会带来积极正面的影响。销售人员一定要表现出自己的热情。

（三）是业界专家

为什么要展示出自己是业界专家呢？

因为客户喜欢和专家打交道，因为他认为专家在专业层面非常有价值，能够给他带来真正有价值的帮助。

就像刚开始我谈到的那个保险销售人员一样，她带给我的感受是她是一个专业知识非常强的专家，我就会非常信任她。

如何在开场的时候能够让客户感受到我是专家呢？大家注意这是非常重要的一点，运用好的话就可以迅速建立可信度。

我给大家介绍的方法叫作提出一连串的诊断式问题。

什么是诊断式问题呢？就是一系列简单快速的专业问题，其目的是让客户认为你非常懂行，而不是什么都不懂的菜鸟。

诊断式问题往往是以封闭性的问题居多。

也许大家会问：我们接受过一些销售技巧方面的培训，告诉我们在开场的时候应该问开放式的问题啊。

我想告诉大家的是，在没有快速建立起基本的可信度之前，开放式问题往往得不到太多有价值的信息。因为客户在认可你的专业知识以及具备可信度之后，你再问开放式问题，才有可能让客户说出更多有价值的信息。

开场时的5～6个诊断式的问题，是首先让客户对你建立基本可信度。

再次以那位保险销售人员为例，她热情地跟我打招呼，然后这样开始的：

销售人员："王先生，请问您有在做一些投资理财的产品吗？"

我："有一些。"

销售人员："具体是哪些投资理财的方式呢？"

我："有一些股票，也有一些保险类的产品。"

销售人员："通常来讲，您会把总收入的百分之多少用于投资理财产品呢？"

我："大概30%吧。"

销售人员："您对不同理财方式的优缺点有了解吗？"

我："有一点，但好像不是很明确。"

销售人员："王先生，我先给您介绍一下不同的投资理财方式，大概有哪些种类，分别有什么样的优点和缺点，好吗？"

我一听就产生了兴趣，而且我认为她能够把不同投资理财产品的优缺点介绍给我，我感觉她在这方面应该还是比较专业的。因此，我对她建立了基本的可信度，愿意和她继续交流下去。

大家也可以回想我们遇见过的一些销售人员，他们在开场的时候根本没有建立基本可信度的过程，就开始介绍什么产品，这个产品怎么好。我们的感受是我还没有看到你的专业性，我为什么要相信你说的话呢？

建立基本的可信度是购买的基本前提。

再给大家举一个我亲身经历的例子。

我在负责一个专业的眼科产品销售的时候，第一次拜访客户时这样开场，除了展现出热情，同时我会问以下几个问题：

你们科室的 OCT 是拓普康的还是蔡司的？（OCT 是光学相干断层扫描，眼底科常用检查）

你们科室会常规给眼底患者做 FFA 和 ICG 吗？（FFA 是荧光素钠造影，ICG 是吲哚菁绿造影）

你们的 ICG 试剂用的是哪个厂家的？

你们做眼底造影的医生是固定的吗？

有几位医生会参与读片诊断的工作？

你们通常会怎么诊断老年黄斑变性的患者？

目前对于这类患者，你们是如何处理的？

设想一下，如果你是对面的客户，当听到销售人员这样的问题时，是什么感受呢？相信你会认为面前的这位销售人员具备专业技能，可以跟你在一个平台上进行对话。

如果大家从事专业技术类销售，一定要在拜访客户前设计好这样的几个问题，能够快速地让客户认为你的专业度是值得信赖的。这样，客户就愿意跟你打交道，接下来做探询的时候才可以让客户更多地开口说话，就有机会了解客户更多的真实需求，给销售的成功奠定一个良好的基础。

在做到开场三件事之后，可以说已经取得了销售成功的一半。因为客户会认为这样的销售人员可以快速地切入重点，不会浪费他们的时间，并且可以帮助他们解决实际问题，更重要的是他们会认为你可以成为他们的长期资产。

大家以后在拜访客户之前，首先问自己如何做到这三点来快速建立可信度，并养成这样的习惯。另外，结合下面的思考题设计好相应的5～6个诊断式问题，熟练运用，当然应依产品以及客户的不同而有不同的问题设计。提醒大家在实际场景中一定要灵活掌握，有时候一两个问题就可以达到目的了，就可以向前推动，没有必要把准备的问题都问完。

思考题：结合你的行业特点以及销售场景，设定一系列的诊断式问题。

三、长期信任从何而来

在快速建立了可信度之后，销售就可以继续向前推动了。

提醒大家，快速建立可信度只是一个基础，它能够让你在第一次拜访客户的时候取得良好的开端，但是仅仅有快速建立的可信度对于长期关系的建立以及销售是远远不够的，尤其是在复杂性的销售以及需要客户长期合作的销售场景中。下面给大家介绍建立信任的第二点，就是如何建立长期信任。

长期信任的建立对销售人员来讲是一件至关重要的事情。因为大部分销售来自跟客户的长期合作，因此销售人员一定要掌握一些技能，用于和客户建立长期的信任。

关于长期信任的建立，我们可以先这样问自己一个问题：面对不同的销售人员，你愿意跟哪些销售人员建立长期信任，或者说他值得你信任呢？

大家可能先想到的一定是品质好，如诚实可靠，做事情有耐心，同时具备专业知识与技能能够解决我们的问题。这些构成了销售人员与客户建立长期信任的一些重要因素。

首先，我们把建立信任分为四个要素。前两个要素就像盖房子的地基，地基打得越牢固，楼可以盖得更高，也就可以更深地取得客户的信任。

（一）诚信及其体现

如何能体现出诚信呢？介绍三点，分别是表里如一、谦逊和勇气。

下面分别给大家讲述一下具体的表现。

1. 表里如一

表里如一来自是否遵循自己深层的价值观与信仰，并且表现出这些价值观与信仰和行为的一致性。

举例来说，你在客户面前说你是一个尊老爱幼的人，但在实际生活中在公交车上都不给老人让座，在街边看见需要帮助的人装作无视而不施以援手，这就是表里不一的表现。

还有一点会影响表里如一，就是会不会在背后议论别人。我们都有这样的感受，喜欢在背后议论别人的人，尤其是说别人不好的人，他在你心中的可信度一定会受影响。你会感觉他在我面前可以说这个人不好或那个人不好，那么他在别人面前肯定也会说我的不好，所以你会对他的诚信与否打一个问号。

我给大家举一个真实的例子。

在我做销售的时候，有一位同事负责一个大客户。客户组织结构越大，越可能在其中会有一些不同的派别，这家客户就存在水火不容的两派。

对销售人员来讲，该怎么做呢？

我们应当做到的是坚决不要为了显示出和某一派关系很好，想取得他们的信任而说另一派不好的话。

但这位销售人员，他想让两边都更多地使用自己的产品。他采取的方法是跟这一派在一起的时候，就表现出我是属于你们这一派的，议论另一派的客户有什么样的事情，包括有什么不好。而跟另外一派在一起的时候，他又会为了显示和那边的关系很好，又来议论这派有什么不好的问题。

他自认为用这种方法可以让两边都认可他。他万万没想到的是，客户之间的关系是错综复杂的。没过多长时间，两边的客户就都知道了他和另外一派的客户在议论自己的不是。结果就是两派的客户再没有任何一边继续支持他，所以导致他的销量非常差，并且让客户对他产生了非常大的反感，都不愿意跟他打交道。最后的结果只能是把客户交出来，交给别的同事去维护。

如何在这样的情况下取得客户的信任及认可呢？这个问题的关联因素比较多，但是有一点非常重要，就是要做到表里如一，不在背后说任何一方不好的事情。

在现实销售工作过程中，我们会经常遇见这样的情况。这对我们销售人员来讲，坚持做到表里如一、不在背后议论别人是至关重要的。

除了不在背后议论别人，在关键时刻能坚持原则也同样重要。

再给大家讲发生在我身上的一个故事。

我们在做处方药品销售的时候，经常会举办一些大型的学术活动。我们会邀请一些专家，就对特殊患者的治疗做经验交流与分享，从而让更多的医生掌握最新的学术前沿信息，给医生的日常工作带来一些帮助。

在一次活动中，有一位专家就我们公司的一个新产品，在一个患者身上做了一个新适应证的尝试。

在处方药的合规要求中，国内没有被批准的适应证是不可以从销售的角度进行主动推广的，所以我们日常不会就这类适应证做任何推广或宣传，如果医生有了解更多相关信息的需求，我们会让公司的医学部同事和医生进行相应的沟通，销售部门不会参与。

医生可以根据自己的选择以及国外最新的文献和实验数据，在得到患者的知情同意之后，可以给患者进行相应的治疗。这位专家在征求了患者的知情同意后，就一个新的适应证给他进行了相应的治疗。

这个适应证在国外已经应用得非常普遍，只是国内药品的新适应证注册相较落后于国际上的应用，导致这个适应证在国内还没有被批准，正处在临床试验过程中。

在这位专家介绍完这个患者的使用情况之后，很多医生对这个病例非常感兴趣，因为这个适应证以往在国内没有太好的治疗方法，所以大家讨论得非常热烈。

就在大家热烈讨论的时候，突然站起来一位专家，问了一个很尖锐的问题。他说："据我所知，这个适应证在国内并没有得到批准，我想问，在这个患者身上的使用，是不是有制药公司的人在背后推动？"

真的是一个非常尖锐的问题。

这位专家立刻进行了回复："没有任何公司的人在背后推动我，我就是根据自己掌握的国外最新的文献和资料，在和患者做了充分沟通之后给他进行了使用，而且取得了不错的效果。"

这个时候，我作为销售的负责人坐在下面，听到这一番对话后，如坐针毡。因为很明显这是对我们团队、我们公司诚信的挑战。在处方药的销售过程中，合规是第一重要的，而我特别注重合规，我们坚决不会做任何违反合规方面的推广活动，即使销售压力再大也不会，因为这是我们的原则。

此时台下坐着将近一百位医生，而且都是各大医院的重要专家，所以我一定要给这么多医生解释清楚我们做事情的原则是什么。如果不解释的话，这些医生会对我们产生误解，认为我们为了达成销售业绩会做一些不合规的事情。更何况这位医生给该患者使用这个产品，完全出于他的自愿，我们确实没有做任何主动推动的工作。

经过再三犹豫之后，会议结束前，我上台跟各位专家说：

"刚才某某专家对于这次会议中一个病例的使用提出了一个问题，是不是有公司的销售同事在推动医生给这位患者使用了还未被批准的适应证，我认为有必要向在座的各位专家解释一下，我们销售团队在这件事情上处理的原则是什么。"

我接着说："在招聘的时候，我往往会问被面试者一个问题'你在以往的销售过程中，有没有遇过销售压力非常大，但是你知道你的产品在某一个适应证上不如竞争对手，但是你会坚持告诉医生你的产品比竞争对手强，从而让医生给这类患者使用这个产品。'

如果他的回答是因为销售压力很大，所以他会告诉医生，他的产品有什么优势，他还是会坚持让医生用他的产品。

如果面试对象是这个观点的话，我坚决不会让他进入我的团队。

因为在我的团队中，坚持原则、诚信合规是我们最看重的基础，所以我们的原则是我们一定会给各位专家提供关于这一治疗领域的真实、客观、先进的医疗信息。

我们绝对不会明明知道这个产品可能比竞争对手的产品在某一类患者身

上效果不好，仍然推荐大家使用我们的产品。我们坚决不会做这种事情，所以请大家放心地和我们合作，我们不会做违背这些基本原则的事情。"

后来有些医生跟我的团队成员说，能感觉到你们整个销售团队确实跟其他公司的销售团队不一样，你们给我们提供的都是专业、客观的数据以及支持，所以我们跟你们合作是很放心的。

这个事例告诉我们，要做到诚信，我们必须把有关合规、道德等原则放到最高准则中。

我们与客户合作一定要目光放长远，不要为了一时的利益而做出一些有违诚信和原则的事情。

2. 谦逊

谦逊和诚信之间有什么关系呢？

大家是否听过一句话"饱满的稻穗总是低着头"。

饱满的稻穗形容的是能力强、格局高的人，越是这样的人，往往越表现出自己的谦逊。他们不会自满，能够对新的事物、观点、想法以及别人提出的建议等表现出尊重。

大家也一定听过另一句"一瓶子不满、半瓶子晃荡"。

可以设想这样的场景，身边有两位同事，其中一位对大家提出的建议会虚心地倾听和接纳。而另外一位同事，对于身边人所提的建议，往往是不屑一顾。

我们会更加信任哪一位同事呢？

说到这里，先谈一个大家熟悉的词——空杯心态。

空杯心态说起来很简单，但是成年人想要做到真正的空杯心态是很难的。因为成年人对任何事物都有自己固有的认知。在有固有认知的情况下，是否还能够听进去别人的建议呢？

我在培训的时候经常举这样的例子，包括正在看书的各位，请做一个自我检测：

就我们所学习的内容，如果你面前有一个杯子，你认为自己的固有经验有多少，就往杯子里倒多少水，你会倒多少呢？

大部分答案是七成或八成。

有很年轻的同事，他会倒九成。

这一点告诉我们，成年人心里的固有认知一定是存在的。

我们一定不可以倒满，只要不到百分之百，就意味着还可以有新的东西进来。将学到的新知识与固有认知结合起来，能力会得到提升。

如何在日常的工作和生活中表现出谦逊呢？其实很简单。

别人在给你提建议的时候，你表现出四个不同的层次，分别是：闻过则怒、闻过则辩、闻过则询和闻过则喜。

这四个层次可以很大程度上表现出你是否是一个谦逊的人。

第一种是闻过则怒。我们身边有些人，当给他提出建议的时候，他会表现出非常生气，根本不允许说他有任何问题。

第二种是闻过则辩。这种人的表现是在他被提出意见和建议的时候，他的第一反应一定是辩解，而不是真正反思自己哪些地方可以做得更好。这种人好像特别多啊。

第三种是闻过则询。这种表现相对来讲要好很多了。具体的表现是别人提建议的时候，不怒也不辩，而是会主动问对方：我究竟是哪里做得不够呢？可不可以再给我多说一点？说明他能够有意识地主动寻找自己的不足。

第四种是最佳状态，就是闻过则喜。任何人在提意见或建议的时候，他都会非常开心，同时表现出来自己会虚心接受。

对于我们来讲，越多的人提供建议和反馈，自己各方面的能力一定会提升得更快，而且别人会觉得你是一个谦逊的人，这种谦逊会影响我们的诚信。

我建议大家在日常的生活和工作中，当别人提建议的时候，我们一定要虚心听取和接受，并且要表示感谢。

我们可以想象，如果一个人表现出来闻过则怒或闻过则辩，不会有人愿意给他提供任何建议。结果呢，他的盲点会越来越多，而且能力难有提升。

他表现出来的自满或自大，一定会影响他在别人心中可信度的建立。

3. 勇气

这个勇气包含两层含义，第一层含义是在遇见压力或困难的时候，有没有敢于坚持原则的勇气。

举个例子，你从事销售工作，如果知道在某一类产品上，你的竞争对手确实表现好，你敢不敢给客户说在这一点上竞争对手比我们的产品好呢？

这需要很大的勇气。

因此，这一点就是在有压力的时候敢不敢坚持原则的勇气。

因为跟客户打交道是一个长期的过程，所以在这种情况下，敢于承认自己产品的不足，会让客户认为你是一个有原则、敢担当的人，你在他心目当中的地位一定会高于那些只知道说自己产品好、诋毁竞争产品的销售人员。

我们都遇见过这样的客户，对于一些只会说自己产品好并且指名道姓地打击竞争对手的销售人员，这些客户往往会说：

"说你的产品哪里好就可以，不要说别人不好。"

客户对于不同的产品以及销售人员有自己的判断。因此，即使在有销售压力的情况下，是否敢于承认自己产品的不足，会在客户心中留下深刻的印象。

现在有太多的方法可以让客户了解各种信息，作为销售人员，是否能够客观地陈述产品的利益，客户会对你有一个判断。这需要销售人员有勇气去谈出自己产品的一些不足。

大家也许会问，我谈出产品不足会不会让客户认为我的产品不好，从而会选择竞争对手的产品呢？

其实大家不必过多担心，因为客户心里明白没有完美的产品，而影响他购买的因素有很多，但是销售人员是否诚信可靠一定是重要的基础。

至于如何处理与竞争对手的关系，比如如何屏蔽竞争对手等方法，我会在后面给大家介绍。

关于勇气的第二层含义是有没有承认错误的勇气。

我们身边一定有这样的人，就是明明自己犯错误，却没有勇气承认，而是把责任推给别人。没有勇气承认错误的人一定会影响他的诚信。

在我曾经工作过的一家公司里，我们会定期组织客户去公司参观，同时可以在员工餐厅一起用餐，用餐后再请一位培训经理给客户进行一些培训，利用这样的机会给客户留下深刻的印象。这种活动形式非常有帮助，所以我们几乎每个月都会举办。

有一次，我们团队组织三十多名客户来公司参观，其中一位同事负责与餐厅及培训经理的沟通与确认。

他提前发了邮件告诉餐厅经理，那一天中午有三十多位客户来用餐，请餐厅做好相应的准备，餐厅经理也回邮件进行了确认。

结果在前一天晚上临时出现了一些情况，客户行程出现了变化，因此第二天不在公司用餐了。

不应该发生的事发生了。

这位同事忘记了通知餐厅经理，所以餐厅按照邮件确认的客户人数准备了相应的午餐。第二天中午的时候一直没有等到客户前来就餐，于是餐厅经理打电话问为什么客户还没有来用餐。直到这个时候，这位同事才忽然想到他忘记通知了。大家可以想象，我们心里都感觉特别抱歉，因为确实是我们的责任。

这位同事在电话里道完歉后挂掉电话，突然说了一句让我大跌眼镜、永远忘不了他的一句话，他说："有什么大不了的，不就3000块钱吗？大不了我赔给他！"

如果是你，听到他说出这句话后会是什么反应？这位同事在内心深处根本没有承认自己错误的勇气。

通过这件事情，他的诚信方面在我心中产生了很大的影响，是你犯的错误就要勇于承担，而不是找理由为自己开脱。

每个人都会犯错误，这很正常，重要的是在犯了错误之后，有没有勇气承认自己的错误。只有真正敢于承认自己错误的人，才会给客户和同事留下负责任、敢担当的印象。

这种印象对于你在客户心目中诚信的建立显得非常重要。

以上是关于如何建立诚信的几点做法，分别是表里如一、谦逊和勇气。这是关于建立信任打地基的第一个要素。

（二）意图

下面介绍另外一个要素，叫作意图。

怎么理解意图呢？

举一个例子，如果你提着一个行李箱走在火车站，突然有人要过来帮你拿箱子，你会给他吗？我想大家都不会。

但如果你提着行李箱在一个五星级酒店办完入住之后，行李员会用一个推车帮你把箱子送到房间，你会把行李箱放心地给他吗？一般人都会的。

区别点在什么地方呢？其实最大的区别在于是否了解对方的意图以及信任。

这对于我们的启发是什么呢？

在与客户打交道的时候，我们表现出来的意图是让客户感觉只是为了完成自己的销售目标，还是真正在为客户考虑？

客户能感觉我们是否在从他的角度出发帮助他实现他的愿望或满足他的需求。替客户考虑的意图表现得越明显，客户越信任。

还是以刚才和客户谈竞争产品为例。

如果我们可以客观地分析客户的需求，同时非常了解各个竞争产品的优劣势，在和客户沟通的时候让他感觉我们的意图是为了帮助他，真正在从他的角度出发考虑问题。这样的话，客户会非常信任我们。

但是如果我们的言行让客户感觉就是为了完成销售和自己的利益考虑，客户就会对我们的意图产生怀疑，也开始不信任我们。长此以往，一定会影响我们在客户心中的印象，最终会体现在销量上。

在这里提醒大家，销售人员一定是真正从内心去为客户着想的，而不是通过技巧。优秀的销售人员一定是发自内心地通过价值观和行为让客户产生长期的信任。

意图，尤其是为对方着想的意图，在构建信任的时候非常重要。

诚信和意图构成了我们盖楼的地基。有了牢固的地基后，我们的楼就能顺利地盖起来吗？显然是不够的，因为地基只是一个基础，楼要盖得高、盖得稳，还需要其他关键要素。

如果我问："消防队员的诚信和意图，你相信吗？"大部分人会选择相信。

但是我问："你会让消防队员给你看病吗？"答案一定是不会。

为什么呢？因为消防队员没有看病的专业能力。这就带出了另外两个关键要素，分别是专业能力和好的结果。

（三）专业能力

销售人员展现出诚信和意图，仅仅是一个开始。

专业能力如何在很大程度上决定着客户对你的信任程度。如果专业能力很差，即使诚信和意图表现得再好，也不会让客户充分信任你。因为客户需要一个能够运用专业能力或服务帮他解决实际困难的销售人员，这就对我们的专业能力提出了要求。

专业的销售人员一定要有专业的能力，包括产品的专业知识以及相关领域的专业知识等。

回想在前面我给大家介绍的那位保险公司销售人员，她在销售产品之前展现出了她对相关领域的专业程度，所以我认为她是一个非常专业的人，值得我信任。

（四）好的结果

最后一个关键词是好的结果。它包括一贯优秀的业绩记录，以及通过专业能力带给客户的好结果。

这四大要素是构建可信度的四个核心，缺一不可。我们在日常工作和与客户打交道的过程中，应充分体现出诚信、意图、专业能力以及好的结果，这样就可以与客户构建长期的信任关系。再提醒大家一点，前面谈到的所有核心要素都是通过一点一滴的日常行为体现出来的。

在介绍了信任的建立之后，我还有一点感受要和大家分享，就是关于与客户的平等以及销售人员如何做到不卑不亢的问题。

为什么我想到与客户平等的问题呢？

客户的认可、尊重以及信任从哪里来的呢？这些都是通过销售人员日常中一点一滴的行为取得的，就像我们谈到的信任建立的四个关键要素。

我经常给我的团队成员说的一句话是：客户在内心中可能确实看不起一些销售人员，但是他们内心中一定对某些销售人员是非常尊重的。这些销售人员在他们心目中具有很高的地位。

同样，在销售人员心目中，我们对有些客户也是有一些看法的，也有一些客户在我们心目中占据非常高的位置，真正能得到我们的尊重。这些取决于这个客户在日常打交道的过程中所表现出的每一个具体行为。

因此，一个人是否能取得别人的信任和尊重与职业不相关，只与这个人的基本素养以及他体现出来的行为相关。

可以得出结论，做好关于信任建立四要素的具体行为，就可以赢得客户的信任与尊重。这是一个良性循环，你做得越好，越有自信在客户面前做到不卑不亢，也越能够与客户平等地展开交流与合作。

四、了解客户需求

（一）需求的来源

在建立了信任后，就可以进入探询需求了。我们都在谈需求，因为有需求才会有销售。

从销售的角度来说，客户明确地产生需求才会有销售。有一个很有意思的电影情节里用淳朴的语言说出了需求来自哪里，他是从什么是幸福的角度出发，这样描述的：

"我饿了，你手里拿了个肉包子，你就比我幸福；

我冷了，你穿了一件棉袄而我没有，你就比我幸福；

我想上茅房，就一个坑，你蹲那儿了，你就比我幸福。"

这段独白用什么是幸福的简单判断标准衡量出了什么是需求，并且需求有不同的等级。需求来自期望和现实的差距，而且这个差距越大，产生需求的动机越强烈。

还有一种定义需求的方式是这样的：需求都来自痛苦和渴望。

像刚才我们说的饿了、冷了、三急的需求都来自痛苦，会产生需求。

还有一种需求来自渴望，就是我渴望得到某样东西或者某种经历也会带来需求。比如我们听说过一句话叫作"包治百病"。这样的需求还有很多，比如我们都想买更大的房子、更好的汽车或者想去度假胜地等，这些都是渴望带来的需求。

在了解了需求的来源后，我们讨论另一个问题。

需求可以分为显性需求和潜在需求。

我想问大家，对我们做销售来讲，是显性需求多还是潜在需求多呢？很明显，潜在需求是要远远高于显性需求的。

如果大家做销售遇见的都是显性需求，那么销售工作太好做了。不难理解，正是因为潜在需求更多，还需要把潜在需求变为显性需求才会有更大的可能性产生销售，所以对销售人员的要求才会相当高。这也是为什么从很多公司内部职位来看，销售人员的收入会高于其他人员的原因。

我特别赞同一个朋友的观点，尽管他从事技术工作而不是销售，他说：

"现在销售部门很不容易，销售人员就是应该收入高，因为最简单的一点原因就是销售岗位对情商和智商都有很高的要求，二者缺一不可。"

其实，在日常的销售工作中，我们遇见的潜在需求要占85%以上，而显性需求最多占15%。这也是销售人员在日常销售工作中要能够很好地探寻需求的原因。

如何将潜在需求转化为显性需求呢？

1. 认知的改变带来需求的改变

举个例子，如果保险销售人员向具有基本医疗保险的人员销售商业保险，可能很多人认为自己已经有基本医疗保险了，没有必要再买商业医疗保险。

这个时候，他们对于商业医疗保险的需求就是一个潜在需求。该怎么将它转化为显性需求呢？一定要告诉客户，商业医疗保险和基本医疗保险的区别在哪里，如：两种保险覆盖的病种有什么区别；付费的比率有什么区别；用药的目录有什么区别；等等。

当一些具有潜在需求的客户知道这些信息后，他们的认知得到改变，潜在需求转化为显性需求，购买商业医疗保险的可能性就增加了许多。

这是第一个办法，通过改变客户的认知来使潜在需求转化为显性需求。

2. 增加客户的急迫性

如果你是一位房屋安保系统的销售人员，大量的客户可能都具有潜在需求，而不是显性需求。因为大家都认为自己家里很安全，不需要什么房屋安保系统。

该怎样实现需求转换呢？

你可以这样告诉客户：

"您知道吗？最近在我们这个区域入室盗窃案比去年同期增加了50%，还有其他的一些恶性案件的发案率也在提升，而且这些案件大都发生在没有安保系统的住宅。"

当把这个信息告诉他后，客户会认为自己需要房屋安保系统来保障他和家人以及财产的安全。

这是通过增加急迫性来让潜在需求转化为显性需求的办法。

（二）策略性提问流程

在了解了潜在需求和显性需求之后，我要讲一个探询需求中的重要问题，就是有探询的意识，其中简单的一个要点就是能否让客户开口多说话。

我在销售实践以及销售培训当中观察到的现象是，大量的销售人员在拜访客户的过程中往往急于把产品的好处等说个不停，而客户往往已经不太愿意听你多说。

我们在衡量一个销售拜访是否成功的时候，如果只用最简单的一个方法，就是在整个拜访过程中，你说了多少而客户又说了多少？

前面谈过一个简单的衡量标准，如果一个拜访过程中客户说的低于50%，那么基本上可以判定这个拜访取得成功的可能性不大。

如何让客户多开口说话呢？用探询的方式问出好的问题。

下面给大家介绍一种有效探询需求的提问策略，叫作策略性提问流程。策略性提问流程分为四步，分别是现状问题、议题问题、牵涉问题、解决方案问题，如图4-1所示。

图4-1　策略性提问流程

为了让大家更好地理解这个流程，请大家回忆一下小品《卖拐》。

这个小品只是用于参考，我们实际工作过程中可以借鉴提问的思路。我们做销售，产品一定能够真正给客户带来价值，能解决问题，而不是忽悠。

首先来看现状问题。现状问题的特点如下：

① 收集特定资讯，有助于了解关于潜在交易机会现状的问题。

② 通常在开场时以"诊断式问题"体现。

③ 共同价值不高，销售对象已经了解现状。

④ 作为深入对话的"垫脚石"。

⑤ 不宜过多，5~6个即可。

举例，如果你是一个保险销售人员，可以问这样几个问题：

① 您目前是否有购买保险？

② 您的保险是公司提供，还是自己额外购买？

③ 您现在的保险是终身保障，还是有特定年限？

④ 您的保单什么时候到期？

现状问题问完后进入下一步，叫议题问题。议题问题有以下特点：

① 进入问题解决的初步阶段，跨越现状，挖掘潜在问题。

② 范围较宽，挖掘需求，鼓励对方多回应。

③ 运用从众理论带出重要议题。

议题问题的目的在于就一个特定议题去挖掘有可能的潜在问题，让客户自己多思考会有哪些议题问题存在。

有的时候，客户不太能够想到，销售人员要提前做一些准备工作，如曾经提过的从众理论，可以告诉客户有哪些同类的公司遇到了哪些问题，从而引导客户考虑这些议题。

通常可以用以下问题来发问：

① 您目前面临的最大营运问题是什么？

② 您希望这类产品能够达到什么样的成效？

③ 请问成长性在贵公司的营运中有多重要？

④ ××× 对您有多重要？

对于不愿意多说的客户，可以这么问：

某某公司、某某公司也遇见了同样的问题，贵公司的情况如何？

用这样的方式使客户多说。

接下来是从议题问题过渡到牵涉问题。

关于牵涉问题，大家要注意的一点是：在问完议题问题之后，每个议题问题都可以带出一系列的牵涉问题。

可以这样问客户：

① 如果贵公司电脑系统宕机，一整天都无法使用，可能会导致什么后果？

② 系统暂停服务对顾客的影响是什么？

③ 如果客户资料全部丢失，会有什么后果？

这些牵涉问题是引导客户思考，有可能会给客户带来什么样的潜在问题。我们要鼓励销售对象思考议题背后的牵连影响，因为牵连影响越多，越容易找到购买理由。议题问题与牵涉问题可以双管齐下。

在牵涉问题方面，当客户开始作答后，我们一定要让客户多说，也就是利用延伸问题继续开发他的需求。可以用求教的方式鼓励对方多说，比如可以这么问：

① 您的意思是？

② 接下来发生了什么事？

③ 举例来说？

④ 还有呢？

⑤ 后来呢？

⑥ 为什么是这样？

提醒大家一点，一定要问："您的意思是？"而千万不要问成："您是什么意思？"

因为后者会让对方产生防备心，客户会感觉自己的看法被质疑。

这些牵涉问题让客户多说之后，接下来可以聚焦在产品强项上，为最后一步解决方案问题打好基础。因为在这一步之后，客户的基本需求可以被探询出来了。

这个时候进入最后一步：解决方案问题。

一定要注意，解决方案问题不可以过早地提出，而一定要在前三步都做到位之后，让客户充分地从议题问题到牵涉问题，自己能够想清楚以及梳理清楚需求之后，再说解决方案问题。

解决方案问题可以有以下作用：

① 将焦点由销售对象面临的问题转到产品方案能带来的好处。

② 推动销售流程进行到下一步，同时判断销售机会。

③ 让销售对象将注意力集中在解决问题上，愿意继续参与销售流程。

通常可以用这样的方式来问：

① 如果我可以告诉您如何解决刚才讨论过的每一个问题，您愿不愿意进行下一步？

② 请问在您的想象中，这个问题的理想解决方案是什么样？

③ 如果预算不在考虑范围，您会如何解决这个问题？

关于解决方案问题，可以让客户想象一些完美的情况，再加上利用好奇心的方式进行，因为这样可以进一步强化客户的需求，对于解决方案会更有兴趣。

这一系列问题的设计是非常花精力的，大家要能够根据自己的销售场景以及产品特点去设计相应的问题。因为每一个问题的思路、措辞及相应的逻辑性都很重要。

如果有市场部同事的参与，大家应该一起设计和讨论，再通过反复的演练，最终达到熟练应用的程度。请大家结合所学的问题设计认真思考，完成下列思考题，并能够结合实际场景与相关同事进行讨论及演练。

思考题：结合行业特点以及销售场景，设定系列探询问题。

现状问题

_____

议题问题

_____

牵涉问题一

_____

牵涉问题二

_____

牵涉问题三

_____

解决方案问题

_____

五、特性利益转化

当运用策略性提问流程对需求进行探询以及确定之后，下一步的工作就是要提供产品的价值了。

首先强调一遍产品价值呈现方式的基本原理：FAB。

F（Feature），代表一个产品的物理特征。

A（Advantage），代表的是产品的优势。

B（Benefit），代表的是利益。这一点是最重要的，因为它代表着能够给销售对象带来什么具体好处，而这一点经常被忽略。

通常在进行产品优势以及利益呈现的时候，总是会忽略利益的重要作用，而任何客户都只对和自己利益直接相关的方面感兴趣。

我们在做产品销售的时候，一定要把产品的利益落到客户身上，只有这样才能打动客户。

为了让大家进一步了解 FAB 的流程，举两个例子：

如果一个产品是衬衫，材质是纯棉的，优势就是吸汗和柔软。吸汗和柔软把利益落到客户身上了吗？

答案肯定不是的。把吸汗和柔软的优势转变为落到客户身上的利益，穿着舒适就是利益。

再如某品牌的汽车采用激光焊接，激光焊接是一个特征。这个特征带来的优势是什么呢？耐冲击力强，坚固。对消费者来讲，带来的利益是什么呢？就是安全性很好，可以保证乘客的安全。

这就是完整的特征优势和利益的转化。上述两个例子的 FAB 流程可以用表 4-1 展示。

表4-1　衬衫和汽车FAB示例

产品	特征（Feature）	优势（Advantage）	利益（Benefit）
衬衫	全棉	吸汗 / 柔软	穿着舒适
汽车	激光焊接	坚固	安全性高

从销售的角度讲，任何产品都应该经过从特征到优势再到利益转化的完整过程，只有这样，才能够真正地打动客户。

想要出色地运用FAB，有两个要点是至关重要的，分别是FAB话术设计、从产品找到FAB。

（一）FAB话术设计

任何一个产品销售都要进行认真的思考与设计，通过这些思考与设计把话术整合为不超过 25 个字的产品关键信息，而且能够清楚地实现从特征到优势再到利益的转化。

利益的设计具有如下几个原则：

1. 基于事实

任何产品关键促销信息的设计首先要基于事实。

因为现在大家获得信息的途径非常多，如果设计没有基于事实，很容易被客户找出当中的问题。如果客户找出问题，就会对可信度带来非常大的削弱影响。

我们在现实生活中确实见过一些产品没有基于事实进行宣传，凭借着铺天盖地的广告，可能会取得一段时间的销量，但这样的销售是不会长久的。

2.配合客户的现实需求

客户在不同场景下可能会有不同的需求，而产品关键促销信息一定要根据客户的不同需求设计出不同的利益转换方式。这就要求我们首先对客户的需求有非常充分的了解，在这个基础上，实现由产品的特征优势到利益的转化，从不同的利益转化来满足客户不同场景的具体需求。

举例来说，同样是一个高端医疗保险产品，有些客户的需求是追求更快的理赔速度，那么产品关键信息的利益就要落到理赔速度比竞争对手快这个方面；也有一些客户的需求是想在更好的私立医院看病，那么产品的特性优势和利益转化就要落到去更高端的私人诊所看病，并且能够顺利赔付；还有一些客户的需求可能是因为频繁的国际差旅，所以希望产品能够满足他在全球主要国家都能够实现看病以及赔付，那么产品的特征优势和利益转化就要落到可以有全球更多国家的覆盖。

要做到这几点，一定要求产品经理非常了解市场以及客户的现实需求，并且能够根据客户的不同现实需求设计出相应的话术，形成关键信息，其中包含完整的 FAB 流程设计。

设计好关键信息后，在市场上进行检验，并且根据一线销售人员的反馈进行调整。

强调一点，这些内容还会关联产品定位的问题。因为一个产品不可能满足所有客户的需求，在这里清楚 FAB 要落到客户上就可以了。产品定位问题不是本书的重点。

3. 以情动人

为什么要以情动人呢？因为人是有感情的，如果产品关键信息的设计能够做到以情动人，会在很大程度上感动客户，从而增加他购买的欲望。

我们经常可以看到很多突出亲情、友情或爱情等的电视广告，这些广告正是运用重要而美好的感情来打动消费者。

4. 不过分夸张

这一点与第一点"基于事实"有相似之处。

在指定产品关键信息的时候，在如何合理地将自己产品的特征优势以及利益转化到消费者的同时，还要注意保持适度。

如果过分夸张，会提升客户的期望值，而当客户真正使用了产品后，发觉并没有达到他的期望值，这样对产品的长期发展是没有好处的。

因此，不可以过分夸张，要保持在合理的范围之内。

5. 要符合道德规范

这一点就像我们谈的与客户建立长期信任一样，关于诚信，无论对于销售人员，还是对于产品关键信息，都非常重要。

如果为了迅速提升产品的销量而不注重道德规范，这一定是一个短视行为，而且这些行为一定会让销售人员、产品以及公司在客户心目中的形象大打折扣，得不偿失。

确实有一些公司利用这样的方法在短期内获得了巨大的商业利益。但是一旦随着国家管控的加强以及消费者认知能力的提升，这样的公司有可能在一夜之间轰然倒塌。而这样的公司例子，我相信大家一定有所耳闻。

如何围绕上述原则设计出 25 字以内的产品关键信息，非常考验销售人员或是市场部产品经理在这方面的能力。在给企业做销售培训的过程中，我发现很多企业的产品在这方面做得不尽如人意。他们往往在产品的关键信息以及 FAB 的文字设计方面做不到位，甚至有些企业就没有这方面的工作，完全凭销售人员的自我发挥，这就造成了在拜访客户的过程中无法有效地呈现出产品的特性和利益。

如何设计出优秀的产品关键信息呢？下面以我自己做销售时的具体做法为例向大家讲述一下。

我们为了一个产品的关键信息能够精准，每半年会组织一次市场部与销售部在一起的工作坊讨论会，参加人员有市场部的各级总监以及产品经理，销售部有总监、大区经理、地区经理以及一些优秀的销售代表。

市场部要提前去拜访一些重要客户，充分了解客户的需求以及市场状况。讨论会由市场部主导，结合他们已经提炼出的一些信息，再由销售部的各级同事和市场部一起充分讨论，共创出产品关键信息。这个会议一般 2～3 天，时间很长，但是价值巨大。

产品关键信息确定之后，我们组织销售人员进行反复演练，包括公司的销售会议、季度会议、每个以大区为单位召开的大区会议以及地区经理的周会，都会留出时间来供一线销售人员学习和演练。只有这样，才能保证销售人员真正能够把这些关键信息灵活应用在实际销售中并发挥它的作用，从而满足客户需求以提升销量。

同时，在每一个以地区为单位的区域会议中，也会专门留出一定的时间来进行销售拜访演练，重点看产品特性和利益是否记得牢、是否可以灵活准确地应用。

如果在这方面还有一些欠缺，我建议大家一定要在产品关键信息方面下大功夫，设计好之后，让销售人员反复进行演练。

需要注意的是，针对不同的产品以及不同的销售场景，我们是用一种关键促销信息呢，还是设计出不同的关键信息呢？答案肯定是应该根据不同的销售场景，设计出相应的关键信息。

我再给大家介绍一下脚本的概念。我们都看过很多真人秀的节目，大家认为真人秀的表演是真正的即兴表演吗？其实不是的。大部分真人秀节目都有提前规划的脚本。所以，我们做产品关键信息设计的时候，根据不同的销售场景，也需要做不同版本的脚本设计。只有这样，才能够让销售人员根据不同的客户以及不同的销售场景，灵活应用不同的关键信息脚本，辅以日常训练，必能取得相应的效果。

（二）从产品找到FAB

在寻找产品 FAB 的时候，大家通常会有一些疑惑，应该从哪些方面找到产品的 FAB 呢？

一般来讲，我们会从以下几个方面进行产品 FAB 的寻找以及话术的设计（如图 4-2 所示）。

图4-2　寻找产品FAB的几个方面

从产品本身出发，找到产品的 FAB。比如说安全性，一定要了解产品在安全性方面究竟有哪些突出的地方可以形成从 F（Feature）到 A（Advantage）再到 B（Benefit）的转换。

在了解了从哪些方面可以取得 FAB 的出发点以后，要想让 FAB 以及话术更能够吸引和打动客户，还有一个关键点要考虑，就是要从客户的角度出发，思考究竟什么样的 FAB 对客户是有帮助的？

从换位思考的角度来说，我们要问自己几个问题，这也是客户经常问的几个问题：

① 我为什么要听你讲？

② 这到底是什么？

③ 那又怎么样？

④ 对我有什么好处？

⑤ 谁说的？谁能证明？

从这几个角度问过自己问题，并且能够结合前面提到的产品 FAB 关键点，把两部分内容结合一起，就可以形成一个产品完整的、不同方面的 FAB 话术，并且这样的话术才是对客户最有吸引力的。

这种话术的形成一定要用介绍过的工作坊的形式来产出，就是要销售部和市场部的同事在一起以群策群力的方式讨论出 FAB 以及最终的话术。

在形成这些话术之后，还要通过不断改进以及配合不同产品、不同销售场景的讨论和演练，最终供广大销售人员使用。销售人员要想熟练自然地使用这些产品的 FAB，就要求他们养成日常勤于练习的习惯。只有这样，才能熟练地运用并最终体现到销售结果上。

最后补充一点，可能大家听过另一个说法叫 FABE，E 是指 Evidence，也就是证据。在 FAB 之后，要能找到相应的 E，就是有什么证据来证明 FAB，这样会使制定出来的 FAB 话术更具有说服力。

很多公司，尤其是一些新兴产业的公司，FABE 的话术设计以及演练还存在很大的欠缺。我参与过很多公司这方面的项目，就是帮助整理 FABE 话术，再加上角色演练等。大家的最终感受是，要想把销售做好，做得专业，这些关键点不可或缺。

再次建议，一定要关注这方面的"基础设施建设"。没错，对专业销售来讲，这就是基础设施。

第五章
客户愿意向你购买

From Acquaintance
to Make A Deal
Advanced Four Steps of Sales Champion

在做到前面的三步（客户愿意和你说话，客户愿意听你说事，客户愿意听你介绍）之后，知道了如何吸引客户的注意力，学会了好奇心的运用，已经建立起了可信度，通过策略性需求的探询找到了客户的需求，并且学会了产品价值关键信息的设计。

我们已经上了三个台阶，现在到了最后一个台阶，也就是最后一步，客户愿意向你购买。

我将从八个方面给大家展开介绍。

一、客户必须进一步信任你和你的公司

这里提到两个信任：第一个信任是对你的信任，第二个信任是对你公司的信任。

（一）如何增强对你的信任

前面已经介绍了如何从快速和长期两个角度去与客户建立信任，为了能够进一步取得客户信任，使客户愿意放心地从你这里购买，还需要再做如下的准备工作：

1.你职业生涯当中取得过的一些荣誉和称号

大家千万不要觉得不好意思，认为是不是说这些会感觉在炫耀自己。

告诉大家，这是建立个人可信度非常重要的一部分。如果你是一位潜在客户，你面前这位销售人员告诉你，他曾经在业内获得过哪些荣誉和称号的时候（最好不是销售冠军之类的，而是一些能够证明专业能力、道德规范等可信度的荣誉），你一定会觉得从这样的销售人员手里购买会更加放心。

因为销售最后的购买决定往往是一个感性的过程，客户都在自己说服自己：我做的决定是正确的，我不会上当受骗。当他认为面前这位销售人员从各个方面都是很可靠的时候，就会更加坚定地下定决心进行购买。

2. 你帮助哪些公司取得过不错的结果

就像前面在介绍信任的过程中，你要能一口气说出 5～6 家业界比较有名的公司，这些公司曾经在你的帮助之下取得了不错的成绩。

同样，客户在决定购买的时候，他一定希望这个产品或服务已经在别的客户身上有了很成功的经验，而不会让他们觉得他们像是一个试验品，因为这会让客户产生不安全的感觉。

大家可能都注意到，大部分公司网站中都会有一些成功案例的介绍，就是起到这个作用。

对于个人来讲，你要做好这方面的准备，让客户知道你曾经帮助过哪些公司取得过什么样的成绩；哪些公司在运用你的产品或服务的过程中获得了哪些具体的帮助。同时，每家公司是如何做的，取得了什么样的进展，给客户带来了哪些帮助等。这些都要提前做充分准备，一定要把这些熟记于心之后再去拜访客户。在需要的时候，随时可以以"爆米花"的方式把这些名字说出来，让客户产生更充分的信任。

3. 如果你进入了一个新的领域，或者是刚加入销售领域的新人

当你是一个销售新人的时候，可能没有太多的销售经验以及经历，那该怎么办呢？

我的建议是关于上面第二点介绍的关于公司的产品和服务，从其他的销售前辈那里做详细充分的了解，同样把这些公司的名字以及产品应用的具体状况了然于心。

还有一点非常重要，你可以把上学时候曾经获得过的一些荣誉和奖项做好充分的准备。如你在上大学的时候，英语六级是以优秀的成绩通过的、你参加了学校组织的哪些公益活动、在学校里面的哪些社团担任过的具体岗位、做过哪些对学校和同学有帮助的事情等。这些荣誉、证书以及经历同样会给客户带来这样的感受：这是一个积极向上、勇于担当、有社会责任感的人。尽管销售经验不是很丰富，但是会产生对个人品质的信任。

这种感受会让客户说服自己：他是一个值得信任的销售人员，而且可能

还没有经验丰富的销售人员那么多套路，因此我愿意从他手里购买。

因为个人品质让客户产生信任的例子，我曾作为客户感受过。

有一次，我在接触一个售楼处置业顾问的时候，他一直表现非常专业，并且在建立可信度方面做得非常好。

当我们还在犹豫要不要下决定购买的时候，我记得他当时说了一句话：这个房子现在确实是比较好的购买时机，请相信我，我不瞒您说，我和我妈妈都是基督徒，所以我们深信要帮助别人做善事而绝不是为了自己的利益出发，这一套房子绝对是值得购买的。

他的这一句话当时确实打动了我，我感觉他的目的不只是为了把房子卖给我获取佣金，而确实是从我的角度考虑，再加上前面交流过程中建立起的可信度，所以我决定购买。

后来，这个房子确实从投资等各个方面来讲是一笔非常不错的交易，也是他最后这一句话让我下定决心购买。

他最后让我下定决心的语言，就类似于前面介绍的，与介绍曾经获得的各种荣誉称号、各种奖项等是一个道理。

我和这位销售人员现在还经常会有一些交流，我对他的信任度非常高，所以有朋友需要购房的话，我一定会推荐这位置业顾问。

大家如果注意，会发现越来越多的销售人员在采取这种策略。

看到这里，请正在阅读的你仔细想一想，你曾经获得过哪些奖项、职称或者专业技能等，无论是上学时期的还是工作以后的，都可以总结整理一下。这些会帮助你在与客户打交道的时候进一步取得客户的信任和认可。

关于进一步加强个人信任，必须再强调一点：客户其实都很聪明，这些方法仅仅是一些具体的招式，而真正能够让客户长期信任并愿意购买，最重要的还是关于建立信任的诚信与意愿部分，就是始终坚持做到表里如一、谦逊以及敢于担当的勇气。

另外，你要表现出来的意愿一定是为了客户着想，为他人着想，而不是仅仅为了自己着想。

这些说起来很容易，但是真正能够年复一年、日复一日做到不是容易的事情。但是，这对于我们成为一个值得信任的优秀销售人员来讲是一件至关重要的事情。在这个基础上，再展现出专业能力以及一贯优秀的业绩记录，客户会对你产生长期的信任，并且通过专业能力为客户带来真正的价值。

我想告诉大家的是，做一个诚实正直、为他人着想的人，永远让自己在一言一行中去践行这些关键点，这才是做一切事情的基石。

（二）如何增强对你公司的信任

当你做到了从各个方面都让客户信任你，还有一个需要让客户建立信任的就是你的公司。

如果你所在公司已经是世界五百强的公司，这对你来讲是非常好的事情，因为公司的品牌和口碑已在客户心目中具有很强的影响力，客户是信任它的。

如果你所在公司还不是名气十分大的公司，该怎么办？

介绍以下几个办法来增加客户对你公司的可信度。

1. 利用好奇心

具体做法还是要提前做功课，了解公司的产品曾经被哪些公司使用过，而且是在业界相对知名的公司使用过。

这样的话，你可以问客户：

"您知道某某公司为什么使用我们公司的产品吗？"

一般来讲，客户都会产生好奇心，他们想知道哪些知名的公司为什么喜欢该产品，你也就有机会建立起公司在客户心目中的可信度。

还有一些类似的问题，比如"您知道某某媒体为什么报道吗？"这需要提前做的工作是，某媒体对公司、产品或已经服务过的客户有过哪些相关报道。

我们可以询问客户这样的问题，利用好奇心增加公司的可信度。切记，一定要本着诚实的原则，千万不可以无中生有。

2. 利用群众动能

这个办法和前面介绍的增加个人可信度的方法一样，都是运用使用公司产品的知名客户，通过他们来增加公司在客户心目中的可信度。

方法是一样的，前提也是提前做好准备工作。

3.适当添加描述性词语介绍公司

通过强有力的语言描述也可以增加客户对公司的可信度，如业界成长最快、行业最受尊敬的公司等这些强有力的语言描述，也要提前做好相关的设计工作。

我还想再重复一遍，任何销售人员的可信度都是从零出发，即使你背后是一家世界五百强的公司，如果客户对你的可信度很低，你依然很难有机会完成销售。

我们应当充分地理解客户的想法。

举例来说，我现在在美国管理协会做咨询顾问，美国管理协会是目前全球排名靠前的咨询公司，所以它的品牌是有一定可信度的。当与一些客户做项目前期沟通的时候，客户往往都会问咨询顾问是什么背景、给哪些公司做过相应的培训及咨询项目。

我们要理解客户的顾虑，而作为销售人员，就是需要迅速积累大量的成功案例，并且从这些案例中总结出经验和规律，同时把优秀的案例整理成册，刻在脑子里随时可以拿出来使用。

二、降低行动门槛

在客户愿意向你购买的时候，我们经常会遇见客户会有一些犹豫的情况出现，这是正常的。因为不同客户对于下订单购买的感觉和阈值是不一样的。

我给大家介绍一个名词叫作"行动门槛"。顾名思义，行动门槛就是不同客户在下定决心购买时被影响的程度不同。有些客户很容易被影响，有些客户就相对比较难被影响。

如何降低客户的行动门槛呢？有些方法供大家参考。

我们日常遇见的顾客一般有两大类：第一类是行动门槛相对比较低的顾客，也就是在前三步之后，基本上可以成交，比较容易下定决心购买；第二类顾客，他们的行动门槛很高，总是不太愿意去做购买决定。这个时候，我们可以用一些方法来帮助客户降低行动门槛，顺利地帮助他下决心。

（一）提供冷静期或退款保证

有一些客户往往比较犹豫，总是担心自己会吃亏上当。从前面谈的性格分型来讲，思考型的人，也就是猫头鹰型的人，大部分会有这样的一些思维习惯。他们思考问题的时候总是习惯从不好的角度考虑，总会设想如产品安全性会不会有问题，购买后会不会有不好的事情出现等。

针对这样的顾客，可以给他提供冷静期或退款保证，也就是说在某段时间内，如果产品没有达到要求可以全额退款，不会有任何损失，同时尽量在安全性方面多一些语言描述，用这种方法来打消他们的顾虑。

（二）利用某些关键的支持性语言

针对这类高行动门槛的顾客，运用一些关键的支持性语言去解决他的常见关切与忧虑。如，可以这样说：

（1）我们的客户服务是业界一流的。

（2）我会在产品应用过程中陪您走过每一步，您随时可以找到我。

（3）我在和客户相处的过程中，引以为傲的事情就是所有服务过的客户都与我发展成了长期的朋友关系。

运用这类支持性语言可以让那些高行动门槛的客户增加安全感，从而实现成交。

（三）让客户脑海中长时间放映关于产品的积极电影

我们都有这样的体会，在要购买一个产品的时候，脑海中会勾勒出一些场景：应用这个产品后，能够给我带来什么样的美好体验呢？

如要买一栋房子，会设想在这个漂亮的房子中，坐在宽敞的客厅沙发上，阳光透过落地窗投射进来，你端着一杯咖啡，看着自己喜爱的电视节目，或者悠闲地看书。

这就叫作积极电影。

但如果脑海中想象的是坐在客厅的沙发上，突然发现墙角已开裂，而且下雨的时候出现了漏水状况，这时候的感受是什么呢？一定非常差。

这就叫作消极电影。

对于行动门槛比较高的客户，在这个阶段尽量用一些描述性的语言，让他们脑海中更多呈现出积极的电影。

如果销售的是 B 端复杂性的解决方案等，也要帮助客户描绘出在使用这个解决方案后，能够给他的工作或公司带来什么样美好的、积极的影响，让他体会通过使用你的产品解决方案带来的实际帮助。

积极电影运用得越多、越具体，越会帮助客户下决心购买。

三、处理客户异议

做到前面几点之后，我们已经让客户在购买的流程上走出了重要的前几步。

销售的过程不会这么简单，客户一定会有不同意见的情况出现，也就是这部分要给大家介绍的内容——客户异议的处理。

在购买过程中，客户提出异议是正常的事情。首先问大家一个问题，客户对产品有异议是销售路上的绊脚石还是契机呢？

大部分看法认为客户有异议是好事，是成交路上的契机。我们要用积极的心态来看待客户的异议，因为客户有异议，说明他真正对产品产生了关注，而且基本上所有的销售都是从拒绝开始的。

客户出现异议后该怎么处理呢？

我们要分辨是真异议还是假异议。为什么呢？因为通过判断异议的真假来决定下一步该如何处理。

如果是真异议，我们就从异议的产生原因以及应对方式来处理。如果是假异议，就要先找到假异议产生的原因，经验告诉我们，假异议在检查验证的时候往往会变化或消失。因此，辨别真假非常重要。

（一）如何判断异议的真假

最简单的方法是进行一些测试。

举个例子，客户说这个产品"太贵了"。听起来是一个异议，这时候可以测试性地问："请问跟哪个竞争产品比较，您觉得这个产品比较贵呢？还是针对产品哪些方面觉得贵呢？"

如果是真实异议，客户一定会直截了当地告诉你，跟哪个竞品相比你们的产品就是贵，或者在什么场景下确实是贵。总之，回答特别具体和直接，说明是真异议。

如果发现问题问出后，客户支支吾吾答不出来，或是回答没有任何条理性，说明是一个假异议。他就是想把你打发走，不想和你有更多的交流和沟通，所以就来一个"太贵了"。

提醒大家的一点是，即使有时候是虚假的异议，我们也不能忽略，因为可能虚假异议背后隐藏着真正关心的事情而没有被察觉，因此可能会导致客户不购买。

如果测试过之后觉得可能是假异议，千万不可以忽略或一带而过，而应该认真地进入探询环节去探询出客户的真实异议。

（二）异议的类型、原因及解决方案

在了解了真假异议的概念以及学会如何测试之后，接下来进入异议的处理流程。简单列下四种常见的异议类型，分别是：①怀疑；②误解；③漠不关心；④局限性。

判断异议类型对我们有什么帮助呢？因为不同类型的异议，其产生的原因以及处理方式是不同的，所以面对异议，首先要学会分类。

大家可以想一下，我们经常遇见哪些客户异议呢？

① 太贵了。

② 我们已经有这方面的解决方案了。

③ 我们目前没有这方面的需求。

④ 某某产品比你们这个产品好。

⑤ 你们公司的售后服务好像不怎么样。

除了这些以外，大家还能想到一些其他的异议吗？

其实我们遇见的客户异议，基本上可以分为刚才介绍的四类。接下来，介绍异议的产生原因以及解决方案。

1. 怀疑

哪些异议是怀疑呢？

比如说"某某产品比你们公司的产品好"，这可能是一个典型的怀疑异议。怀疑异议产生的原因是什么呢？

主要原因是证据不足，客户对产品的了解没有那么具体和清晰，所以产生怀疑的异议很正常。

这种异议的解决方案其实很简单，只要创造机会把翔实的证据提供给客户就好。客户了解了产品的真实情况以及相应的证据，自然就会解决怀疑这种异议。

2. 误解

比如说"你们公司的售后服务好像不怎么样"。这就是一个典型的误解。

还有说"你们的产品太贵"，这也是一个误解的异议。

误解异议产生的原因是什么呢？是没有给客户传递足够多的具体信息，所以客户对产品或服务的了解是不够的。

应对方法：只要把真实、具体、有效、翔实的信息提供给客户，自然可以消除误解。

3. 漠不关心

漠不关心是相对来讲比较难处理的一种异议。在刚才举的几个例子中，"我们没有这种需求"属于漠不关心。

这种异议产生的原因是什么呢？

（1）客户还没有觉察到他的需求

需求还处在潜在需求阶段而没有变成显性需求。前面给大家介绍过，85%的需求属于隐性需求，或者叫潜在需求；只有15%的需求是主动需求或者显性需求。

当客户处在这种情况的时候，我们应使用探询的方式再一次通过提问从现状问题、议题问题、牵涉问题到解决方案问题等，把潜在需求转化为显性需求，从而让客户认识到自己有需求，进而解决这个异议问题。

（2）客户真的没有需求

客户对现在的解决方案或产品供应商非常满意，认为没有必要进行这方面的改变。

这个时候该怎么办呢？放弃这样的客户吗？尤其是潜力大的客户，往往更会出现这样的情况，因为潜力大的客户，竞争对手也多，所以客户的选择相对比较多。

我们当然不可以放弃这类客户，该怎么办呢？首先继续跟客户保持建设性的关系，继续有一定的拜访频率，而且在有一些资源或会议等活动的时候，对他们保持一定频率的邀请。人都是感性的，当你一直保持这样频率的时候，他一定会加深对你的印象，以后有需求可能来找你。

这又回到了客户档案的问题，销售人员应建立一个完整的客户档案，详细地记录各个客户的情况、拜访记录、需求探询等方面的详细信息。

我还要告诉大家一点，任何人都有尝试新鲜事物的想法，所以客户在与一个供应商合作一段时间后，或是使用一个产品一段时间后，或多或少有一些尝试新鲜事物的欲望。

因此，即使我们面对目前没有需求的客户，也要通过保持建设性关系的方式，始终保持沟通的频率，同时敏锐地探询客户是否有新需求或者一些销售机会的出现。

4. 局限性

局限性产生的原因是产品本身的不足。没有完美的产品，客户同样清楚这一点。

我们的应对办法可以从以下几个角度出发：

（1）强调产品的整体利益

我们可以从产品提供的整体利益以及给客户带来帮助的角度出发，让客户感觉从整体上提供的利益是最多的。比如，尽管价格高，但是产品的使用周期最长、售后服务团队专业性最强、出现问题投诉时的反应速度最快等。

通过这些整体利益，让客户可以接受产品确实存在的一些局限性。

（2）强调竞争对手未能提供的利益

在和竞争对手比较的过程中，有一些利益是我们独有的。我们应该通过这些独有的利益来对比竞争对手，让客户认识其重要性，足以抵消产品其他方面的局限性，从而选择我们的产品。这需要一个重要的前提条件，就是对自己的产品和竞争对手的产品各方面利益了解得非常详细和具体。

因为局限性的异议，客户基本上会和竞争对手的产品作比较。通常来讲，我们不要直接攻击竞争对手，因为这会让客户感受不好，所以我们要屏蔽竞争对手。

因为任何产品都不是十全十美的，我们一定有一些地方不如竞争对手，所以如何处理异议，同时不要指名道姓地攻击竞争对手。因为指名道姓会让客户认为你是以你自己为中心，而不是以客户为中心。

任何产品都有自己的局限性，也就是任何产品都有自身的不足，所以处理这种异议需要强调已满足需求的利益以及竞争对手未能提供的利益。

异议处理是客户愿意购买的非常重要的过程，因为90%以上的客户拜访都会产生异议。如果这一步处理得好，就能够让客户向你购买推进了一大步。

四、提高安全感

许多客户在最后下购买决心的时候，都会有不安全感出现。因为人们对于未来的预期情况总是抱有不确定的因素，这就要求销售人员能够充分提高客户的心理安全感，使他们能够放心。

我们应当做到以下几点。

（一）专业能力必须让客户放心

前面反复强调，销售人员必须无时无刻地展现出自己的专业能力，从各个方面让客户认为你在负责的产品以及相关领域方面是非常专业的，在他遇见任何情况的时候带给他专业的帮助，这样可以显著增强其内心的安全感。

（二）坦诚地告诉客户可能存在的风险

大家也许会问，我告诉客户可能存在的风险，会不会让客户对我的产品或服务产生怀疑，从而不愿意购买呢？

其实不是的。因为客户都清楚没有完美的产品，而他们下决心购买，就是相信这个产品在某些方面可以满足他的需求。

因此，客观地告诉客户产品可能会有的一些风险，会让客户觉得你是一个坦诚的人，能够客观地告诉他产品的优势和劣势，值得他们的信任。客户真正下决心购买，对销售人员的信任是非常重要的。

（三）给客户吃定心丸

什么叫给客户吃定心丸呢？就是在客户有一些犹豫或不确定的时候，也就是对于产品以及购买有一些不安全感的时候，我们可以说："您可以放心地购买，我会随时给您提供任何您需要的服务。"如果客户对你完全信任的话，这一句话就相当于给他吃了一颗定心丸，消除了产品将来一旦有了任何问题后的服务顾虑。

还有一种定心丸，可以给客户提供一些冷静期或退款保证等方法，减少客户的心理不安全感。

当然，这与前面建立的信任关系紧密。

五、让客户感觉享受了"免费的午餐"

当客户决心购买但出现一些犹豫情况的时候，我们可以用一种叫作让客户感觉享受了"免费的午餐"的方法。

这个方法很简单，就是事先设想好一些项目，可以在客户产生购买行为的同时免费赠送给他，从而满足客户"占了一些小便宜"的心理。这种心理非常普遍，任何人都有，包括我们自己。生活中常见的"免费的午餐"是在超市促销中会有一些赠品，这种方法确实可以满足客户的一些心理需求，从而达到销售的目的。

这种心理对客户当时下决心购买是会起到作用的。对于我们来说，重要的是有没有提前设计好一些相关类似的项目，在客户产生犹豫的时候可以把这些项目呈现出来，帮助客户下购买的决心。

六、从众心理

当客户对购买犹豫不决的时候，还可以用的一种方法叫作从众心理。

这一点类似于前面介绍建立可信度的时候，能够爆米花似的说出5～6家业界有名的客户都在使用你的产品或者服务。这样的从众心理对于任何一个人来讲是会起作用的，所以客户就容易说服自己下购买的决心。

七、始终让客户感到被尊重

（一）让客户感到被尊重的重要性

在第四步"客户愿意向你购买"的过程中，有一点要注意，就是一定要让客户始终感觉受到了尊重。

在"客户愿意和你说话"的部分介绍过关于尊重的问题，为什么这里还要提出来呢？

在"客户愿意和你说话"那一部分是相对简单的尊重，只要表现出来就好，客户就愿意和你说话，让你有继续推进销售流程的机会。

但在第四步，"客户愿意向你购买"这一步中，我们对尊重的理解要更深一步，因为它是更加长期的、发自内心的尊重。

类似于快速建立信任与长期建立信任一样，两者缺一不可。因为从马斯洛需求论来讲，从最底层的生理需求到安全需求，再到社交需求，然后是尊重需求再到自我实现的需求，我们往往在尊重层面有着非常高的需求。

现在是一个供大于求的时代，不论对象是普通消费者还是复杂性销售的客户，他们都面临着大量的选择。而各家的产品基本上有好有坏，有优点的同时会有一些缺点，因为没有完美的产品，所以这是为什么我写这本书的原因，就是希望客户能够通过对销售人员的认可和接受来实现产品的销售。

因此，尊重的需求一定是客户非常看重的需求。为了让大家再次对尊重的需求有更深的理解，我给大家讲一个汽车销售大王——乔•吉拉德的故事。

有一次，一位客户来店里买车，乔•吉拉德非常热情地接待了他，并且在整个介绍过程中感觉都不错，和其他的客户没有什么大的区别。

但在最后，乔•吉拉德想让客户下订单的时候，这位客户却表示说算了，他要再考虑一下，然后很坚决地离开了。

乔·吉拉德百思不得其解，为什么会这样呢？

他一直在反思但是没有找到相应的答案。他以往接待客户都是这样，没感觉出什么问题啊？为什么这个客户这么坚决地离开了呢？他实在想不通，于是晚上鼓起勇气给这位客户打了个电话。

在电话里，他特别真诚地向这位客户询问说：

"您是对我介绍的车不满意吗？"

这位客户说："车的基本状况我是满意的。"

乔·吉拉德说："那您是对价格不满意吗？"

客户说："价格我也能接受。"

乔·吉拉德更疑惑了，说：

"那我特别冒昧地问一句，这些方面都没有问题的话，是什么原因让您离开呢？"

这位客户问乔·吉拉德："你真的想知道吗？"

乔·吉拉德说："我当然想知道，请您告诉我吧，非常感谢。"

这个时候，这个客户才和他说出来真话。

这位客户说："其实你的服务、汽车本身包括价格我都感觉挺好的，但是最后让我离开的原因是我在和你谈到我儿子的时候，我说我儿子即将进入大学就读，并且他是一个非常有抱负的青年。但在我说这些的时候，你根本没有注意，只是啊啊应付了几句，而只顾给我介绍车性价比如何如何高、付款方式有多少种这些。

在那个时候，我非常生气，因为我感觉你根本就不尊重我，你没有在认真听我说话。我一定不会从一个不尊重我的销售手里买东西，这就是真正的原因。好啦，再见。"

挂了电话后，乔·吉拉德久久不能平静。他开始认真地回忆下午跟这位先生交流的整个过程。似乎前面都非常顺利，和以往接待客户没有什么大的区别。但是由于还有一位客户约好了时间在等待，所以他在最后确实疏忽了这位客户曾经提到他的儿子，并且想就他儿子即将上大学这件事情跟他有一些交流。

这些细节慢慢地回忆了起来，他也想起来当时他确实有点着急，所以没有认真听这位客户关于他儿子的讲述。

乔·吉拉德陷入了沉思。

即使心里再着急，都不可以忽略客户的感受。

因为那个时候，客户跟我谈他儿子的时候一定是非常自豪的，想得到我的一些共鸣或者称赞。而我当时确实不应该着急让他下订单，只顾着介绍产品和付款方式等，而应该认真地听他讲完关于他儿子的事情，并且进行更好的交流。

这样的话，这位客户一定不会失去的。

这个故事给了乔·吉拉德特别大的启发，从此以后，他特别注意客户言行的每一个小细节，都会根据当时的情景给予一些称赞或夸奖，让客户充分感觉到被尊重。

因为这一点，越来越多的客户非常喜欢他，觉得他善解人意，而且和许多客户成为很好的朋友。客户又会给他介绍新客户，这也是他能够成为汽车销售大王的一个重要原因。

其实这一点跟前面介绍的"倾听的四个层次"也是直接相关的，倾听一定是表示对客户的充分尊重，而倾听的层次越高，越能让客户感觉到被尊重。

倾听的最高层次是"我在听你想说的事"。

以刚才那位客户为例，他在说到儿子的时候，客户心里想说的其实是自己的儿子非常优秀，他以自己的儿子为荣。所以那个时候如果听出了这个意思，再从这个角度跟客户有一些相应的交流，就能让客户感觉到你懂他，让他感到被尊重的同时也会喜欢这样的销售人员，所以他就会从你手里购买。

大家都有这样的感受，在我们作为客户的时候，我们坚决不会从一个不喜欢的销售人员手里购买任何东西，尤其是销售人员表现出任何对不尊重时，坚决不会购买。

再给大家举一个我自己作为消费者的例子。

在我想办健身卡的时候，我去了一家比较有名的健身房。接待我的销售人员在各个方面表现还不错，只是到了最后一步的时候，我提出来说可不可以有一些相应的优惠条件。

这位销售人员可能做不了主（不知是没有这个权限，还是他们使用的一个销售策略），他说要去请示一下领导。我说好的，然后在大厅等他。

过了一会儿，他和他的领导一起出来了。第一眼看上去，我不是很喜欢他这个领导，因为他表现出了一副高高在上的样子，大家可能都经历过这样的销售人员。他是这样跟我说的："你说的这个条件，我不能完全答应你，但是我可以做到什么什么。"最后给了我一句话："我只给你两个小时的时间考虑。"

我听到这句话后，说："好吧，我回去考虑。"

于是，我就离开了。

我没有在这家健身房办健身卡。

为什么呢？因为我没有感觉到被尊重，并且他犯了销售人员的另外一个大忌，就是给客户压力。

在前面介绍过，好的销售人员是不给客户压力的，要让他自己感觉在安全的情况下进行自己的选择。

给客户压力这种情况也不是完全不可以应用，只是要取决于产品和供求关系等综合因素。如当供小于求的时候，给客户压力往往是可以促使快速下决心的一种方式，但是像健身卡之类的供大于求的产品，一定不要给客户压力，而且要让客户从始至终都有被尊重的感觉。

（二）如何做能让客户感到被尊重

1. 一定不能让客户感觉有厚此薄彼的行为

不论客户大小，我们都应给予一视同仁的尊重以及提供同等级别的服务。

如果客户感觉销售人员有一些势利眼行为，他不但不会购买，而且会对你的诚信产生怀疑，认为你可能做人有问题。

这对于销售人员来讲是致命的，因为我们已用了大量的篇幅告诉大家取得客户的信任，基本的诚信是非常重要的。

2. 要尊重客户的选择

客户面临很多选择，有的时候可能会因为种种原因选了竞争对手的产品。在这个时候，我们一定要表示理解，而千万不要因为客户没有选择自己的产品就在表情、行为或语言上有一些不满或者是一些不太好的表现。

如果你在这个时候有这些表现，一定也会让客户感觉你的诚信有问题。他本来可能这次选择了竞争对手的产品，因为你前面各个方面都做得很到位，他也很信任你，所以内心会有一些愧疚，但是如果他看到你的这种表现和行为，他会怎么想呢？

他一定会想：幸好这次没有从你这里购买，因为这一次没有购买就表现出这样的表情和语言不满，以后永远都不会在你这里购买任何东西。

在任何时候，我们都要尊重客户的选择，并且表示理解，只有这样才能充分赢得客户的信任，他也就愿意跟你长期打交道。

我们内心也要清楚，任何一个客户都不可能永远只从一个人手里买东西。

3. 任何时候都要注意自己的言行

《庄子》的识人九征（就是描述如何判断一个人是否是真正的君子）里，前两句是这样描述的："远使之而观其忠，近使之而观其敬"。

"近使之而观其敬"对我的感触很深，因为无论是在做销售时与客户打交道，还是在公司跟领导以及同事打交道，都会有这样的一些场景出现。

刚开始还不太熟的时候，无论是跟客户还是跟领导或同事，我们会谨言慎行。但随着时间的推移，彼此熟悉程度越来越高，这个时候你还能不能表现出应有的尊重，就可以判断是不是一个真的君子。

因为我们确实看到有一些人在关系熟了以后，有时候会把握不住分寸，和客户或者同事和领导在开起玩笑掌握不好度，给人感觉不太好。

我们要想跟客户保持长期的良好关系，就一定要求自己无论关系再熟，都要求自己在任何时候控制好自己的一言一行。

总而言之，做到以上三点，我们就可以让客户在任何时候都感觉到被尊重。

这是一个长期的内心修炼过程，对于提升客户的信任以及完成销售的第四步——客户愿意向你购买，会带来非常大的帮助。

八、KANO模型

在这部分的最后，给大家介绍一个关于客户满意度的模型，叫 KANO 模型（见图5-1）。

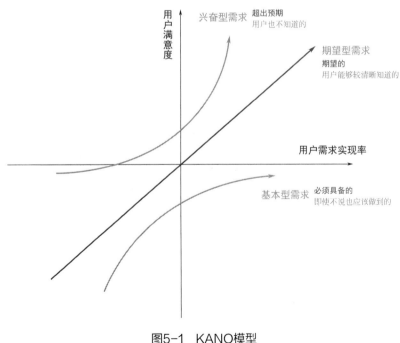

图5-1　KANO模型

这个模型可以让我们从另一个角度去了解客户需求以及客户满意度的关

系，从而让大家在"客户愿意向你购买"的关键一步受到一些启发。

KANO 模型定义了三个层次的客户需求：基本型需求、期望型需求和兴奋型需求。

基本型需求是客户认为该产品或服务"必须有"的属性或功能。当其特性不充足（不满足客户需求）时，客户会很不满意；当其特性充足（满足客户需求）时，无所谓满意不满意，客户充其量是满意。

期望型需求要求提供的产品或服务比较优秀，但不是"必须"的产品属性或服务行为，甚至有些期望型需求连客户自己都不太清楚，但是他们希望得到的。客户谈论通常是期望型需求，期望型需求在产品中实现得越多，客户满意度越高；当没有满足这些需求时，客户满意度就低。

兴奋型需求要求提供给客户一些完全出乎意料的产品属性或服务行为，使客户产生惊喜。当其特性不充足时，并且是无关紧要的特性，则客户感觉无所谓，当被提供了这类需求的服务时，客户会对产品或服务非常满意，从而有效提高客户的综合满意度，更愿意使用你们的产品。

举个例子来帮助大家理解。

如去一家餐厅吃饭，基本型需求肯定是干净、卫生。如果这些基本型需求做得很差，我们根本不会选择这家餐厅。同时，餐厅把干净、卫生做得再好，你的满意度最多是没有不满意，因为你认为这是开餐厅必须做到的。

期望型需求有哪些呢？

如这家餐厅上菜特别快，二十分钟一定会把菜上齐。就像现在有些餐厅会摆一个沙漏在桌子上，沙漏漏完之前一定要把菜上齐，否则就打折，你是不是觉得不错啊，最起码用餐时间有保证。

再如，餐厅用的蔬菜是有机的，来自某某指定有机蔬菜基地，食用油用的是某品牌的橄榄油，对于心脑血管有一定的好处。你的满意度是否又增加了一些呢？菜品上来之后开始用餐，发现味道特别好，摆盘也非常精美，你的满意度是不是又增加了？

这些需求就是期望型需求，做得越好，客户满意度越高。

再来看一下兴奋型需求。兴奋型需求是客户根本没有想到的需求。

如用餐完毕后要结账，服务员说店庆，餐费打八折，你的满意度是不是一下子特别高？

结完账要离开的时候，大堂经理拿过来一个包装精美的袋子，说：

"先生，我看您特别喜欢我们这个凉菜，于是我叫厨师多做了一份送给您，包装很好，不会漏，保质期可以到明天，您回去放到冰箱里，随时都可以吃。"

请问，这个时候会是什么感觉？是不是满意度几乎要上升到了顶点？你一定会道谢，并且下次用餐还会来这家餐厅。

兴奋型需求就是可以给客户带来这样的感受，增加客户购买行为的决定。

以上就是 KANO 模型的三种需求，请大家思考一下你从事的销售工作分别有哪些需求属于这三种需求呢？尤其是兴奋型需求，你能设计出哪些兴奋型需求来帮助客户愿意购买呢？

思考：你的产品如何满足客户的三种需求。

基本型需求

_____

期望型需求

_____

兴奋型需求

_____

No.6

第六章
始终保持融洽氛围

From Acquaintance
to Make A Deal
Advanced Four Steps of Sales Champion

各位亲爱的朋友，当看到这里的时候，祝贺你已经掌握了与客户从相识到成交的四个重要步骤的方法，如果能够熟练运用，就可以在销售过程中沿着这几步向前推进。

在掌握了这些之后，还有一个要点贯穿于与客户交流的始终，这就是本章带给大家的内容，叫作融洽氛围的营造。

一、什么是融洽氛围

我们是否有这样的体会，就是在交流或沟通的时候有一种奇妙的氛围存在，而这种氛围会导致交流和沟通是不是顺畅。

比如在和客户沟通的时候，有时候一句话没说好，客户就会有一些反应，敏锐度高的销售人员可能会察觉，并且会有一些征求客户意见的行为出现，让客户感觉你关注了他的反应。但有一些敏锐度低的销售人员可能忽视了客户的反应，还在继续推荐产品，而这种推荐继续下去是没有任何意义的，甚至有时候会让客户直接下逐客令，不会再接受你的拜访。

这种会直接影响销售人员与客户交流是否能达到理想效果的氛围，我把它叫作融洽氛围。

当拜访一个客户的时候，从开场客户愿意和你说话、到客户愿意听你说事的过程一直顺利，能感觉到客户在一步一步地加深信任，流露出继续交流的愿望。从客户的肢体语言、眼神以及感兴趣程度都让你觉得两人交谈甚欢，而且顺利地一步一步朝前推进，这就是理想的融洽氛围带给我们的帮助。

也有一些时候，在拜访客户的过程中，你觉得客户好像没那么大的耐心愿意听你多说，从他们皱眉头的表情、封闭的肢体语言以及一些略显不耐烦的语气中，你感觉氛围很差，不适合再继续推进销售过程。

除了销售过程，生活中任何两个人之间的交流也都会受融洽氛围的影响。无论是朋友之间、夫妻之间或者家长与孩子之间，只要是涉及沟通的内容，都会有融洽氛围的存在。

　　有些朋友也许会问，我跟家人或朋友在一起聊天的时候都蛮开心的，但好像感觉不到所谓融洽氛围的存在。

　　融洽氛围一定是存在的。当你们一起聊得非常开心的时候，这说明你们之间的融洽氛围非常好，所以大家都特别开心，大家都特别愿意在这种氛围继续聊下去。

　　融洽氛围在一些有目的的沟通中显得尤其重要，如销售的场景。因为有强烈的目的性，你想让客户了解、接受直到最终购买产品，你就要特别注意融洽氛围的保持，要一直保持在一定的热度才可以顺利推进。

　　再比如与孩子的沟通，当你们之间能够就沟通的话题展开充分交流，会感觉沟通氛围非常好，孩子愿意敞开心扉，你也有机会从更深层次去了解孩子内心的想法。

　　在这样的融洽氛围下，你们更加有可能达成共识。如果融洽氛围保持得不好，可能会被拒绝交流，这样就无法达成沟通的目的了。

二、融洽氛围为什么很重要

　　融洽氛围之所以很重要，是因为任何人在与别人沟通的时候都会有一个状态。这个状态决定着内心的开放程度，而这种开放程度决定着沟通的对象是否愿意敞开心扉。

　　举例来说，当我们作为一个消费者去购物的时候，你发现销售人员从面部表情到眼神再到一些体态语言，都会让你感觉不是很舒服。如你在问一些问题的时候，他表现出有一些不耐烦，或者有一些盛气凌人，你不愿意再和他有任何交流，所做的就是直接离开。

　　因此，一个优秀的销售人员应该可以让客户在任何时候都感觉沟通舒服。只有保持很好的融洽氛围温度，客户才愿意敞开心扉交流。能够让客户敞开心扉是一个优秀的销售人员必须具备的能力。客户越愿意把心里的事情告诉你，就越有可能判断准客户的需求，从而完成销售。

在这里，我想给大家提一个建议，就是如何不让客户感觉你有一些傲慢。

大家是否有这样的感受，在你说出一句话之后，他人给予肯定的方式是不一样的。

有人会说"对的""是的"或者"没错"，这些都没问题，我们感觉也很好。可有人习惯说"对呀"，并且是用升调说出来，就这简简单单一个"对呀"，一个字的变化，再加上升调的语气，就会让客户感觉意思是"对呀，就是这样子，你居然不知道吗？"

从这一个"对呀"，表现出了傲慢与自我优越感，而这种自我优越感对于客户来讲一定是内心不好的感受。也就因为这一句"对呀"，对面的客户可能已经默默地闭上了心门，不愿意再有更多的交流和沟通，自然也就没有办法探询他内心的真实需求和想法。

因此，在客户提出某些观点后，最让客户感觉舒服的回答方式是说"是的，您说得对"，或者说"对的"。当听到"是的，您说得对"的时候，他内心一定感觉非常开心，因为他认为自己的价值得到了认可，所以他会更加地敞开心扉，愿意更多交流。交流越多，你们之间的融洽氛围温度会越来越高，高到一定程度的时候，成交成为自然而然的事情。

总结一下，在任何重要的沟通场景中，尤其是销售，必须认识到融洽氛围对于达成销售结果的重要性。

只有认识到这种重要性，才会时刻关注融洽氛围是否保持在一个比较好的状态，而这就对销售人员提出了要求，要求在整个销售推进过程中一定要提高敏锐度去关注融洽氛围。

给大家的建议是，潜意识中始终有一个声音在问自己：

目前我和客户之间的融洽氛围温度还在继续上升吗？

是否可以沿着这个上升的温度继续推进销售流程？

接下来，我会给大家介绍两个要点：①如何辨识出融洽氛围温度出现下降；②融洽氛围温度出现下降之后该如何处理。

三、融洽氛围被破坏的表现及如何辨识

（一）客户进入游离状态

融洽氛围被破坏的第一种表现是客户进入游离状态。

什么是游离状态呢？

在拜访客户的时候，是否曾经注意客户有以下的行为表现：

第一种行为表现是客户陷入沉默，不再说话。

这个时候要特别小心了，这是大部分客户对介绍的内容不感兴趣时所呈现出的表现。

第二种行为表现是观察客户是否思想已经完全走神，根本没有听我们在讲什么。

尽管客户嘴上还在有一句没一句地应和着"当然啊""好呀"，但是通过他的眼神、面部表情能够判断他已经完全没有听你在说什么。通过这些细节判断，你要迅速地意识到客户在这个时候已经完全进入了游离状态，你就是说再多，对他来讲都是没有任何意义的。

当观察到这两种行为的时候，销售人员要立刻敏锐地认识到融洽氛围已经破坏，而这个时候继续推进销售流程，显然不可能达到好的效果。

（二）客户出现一些焦躁或者不耐烦的情绪

融洽氛围出现下降的第二种表现是客户出现了一些焦躁或者不耐烦的情绪。

我们是否也曾有过这样的体会，在拜访客户的时候，客户刚开始还有些耐心在听，但由于某些我们不太了解的原因，客户会进入一种焦躁或不耐烦的状态中。

销售人员要敏锐地识别出客户的这些行为表现。如客户有皱眉、不再注视着你、开始摆弄自己的手机或面前的一些文件等行为。还有时候，客户会说一些不太友好的话，或是有一些攻击性的语言，如皱着眉头问你"我凭什么要相信你""你怎么能证明你刚才说的话"。还有一些情况是在谈到竞争对手的时候，可能谈得多了一点，客户会来这么一句："说你们自己怎么好就可

以，不要打击别人。"

当你观察到这些行为的时候，要意识到你与客户之间的融洽氛围已经受到破坏。

在这个时候，我们该怎么办呢？还要继续拜访过程吗？我想大家的看法是基本一致的，就是在这个时候，我们一定不可以再继续自己的拜访过程。因为强行继续推进起不到任何好效果，客户完全无法听进去你在讲什么。

遇见修养和脾气好一些的客户（如关系型），他可能会保持一段沉默，让你唠唠叨叨地说完之后回一句："好，就这样吧，我还有别的事，以后再说。"他就想用这样的方式把你打发走，内心的语言是：以后再也不要来找我，我也不想见到你。更有甚者，遇见修养或脾气差一些的客户（如老虎型），他可能会直接打断你："好了，我的时间很紧张，你可以出去了。"

这些对销售人员来讲都是非常不想遇见的场景，所以我们观察到客户有这些行为的时候，首先一定要暂停下来。

在暂停下来之后，根据当时的场景进行一些融洽氛围的修复工作，直到融洽氛围修复得跟原来的温度差不多之后，如果适合继续朝前推进拜访流程，才可以继续。

接下来给大家介绍一下融洽氛围的修复问题。

四、融洽氛围破坏了怎么办

在了解了融洽氛围被破坏的行为表现以及认识到要暂停下来之后，我要给大家介绍第二个要点，就是如何修补这个融洽氛围。

我给大家介绍两个办法。

（一）转移话题

当观察到客户出现沉默、游离或者有一些不耐烦的行为时，我们首先应当意识到目前谈的这个话题对客户来讲不是他的真正需求，所以对他没有需求价值。

在当时的场景中，要迅速判断是不是对客户的需求事先了解不够准确，而且在拜访过程中探询不够充分，根本没有了解什么是对客户有价值的以及能够解决他实际问题的关键点。

就这一点来说，对我们提出的要求就是要提前充分做好客户相关信息收集、需求的预判工作。

有时候，需求的预判不一定准确，当觉察客户对话题不感兴趣而陷入沉默的时候，就要转移话题。

如何转移话题呢？

可以暂时谈论一些轻松的话题，如爱好等客户感兴趣的话题。

这对我们又提出了另外一个要求，就是对客户基本信息的了解，以及业务需求与个人需求的判断。

当业务需求判断不准的时候，根据适当且适度的个人需求了解，去谈论一些相关话题。这个话题可以很广泛，包括客户的兴趣点等。

总之，你要创造机会使你们之间的氛围温度有所上升。其中的重要标志是客户从沉默游离的状态中逐渐恢复，又能够进入交流状态。如他又愿意多开口说话了，在这个过程中，我们可以再次判断关于产品以及专业服务需求点的介绍时机。

我们同时要进行一些思考和判断，之前哪些问题没处理好？话题或需求没有找准？等到氛围温度差不多的时候，可以把话题切回到产品以及专业服务方面，再次进入新一轮的循环。

通常来讲，我们有机会进行一次通过转移话题来恢复氛围温度的机会，如果这一次没有成功引起客户的兴趣，建议快点结束拜访，或者干脆聊客户喜欢的话题吧，回去后再认真思考问题到底出在哪里。

（二）转移注意力

我们可以通过给客户倒杯水或咖啡等方式来摆脱刚才温度下降的情境，

转移客户的注意力，努力使融洽氛围的温度恢复到比较合适的温度，然后自然地用另一种方式转回拜访中。

当然有最不理想的情况，当你用了各种办法都没有让融洽氛围温度上升到理想状况时，就要毫不犹豫地结束这次拜访。

总之，我们要认识到，当与客户的融洽氛围温度下降的时候，一定不能继续推进，因为强行推进不会带来任何好的结果。

以上就是关于融洽氛围修复方法的介绍。

我想再次强调的是，作为一个销售高手，他一定能够敏锐地识别出融洽氛围的温度变化，时刻关注交流过程中融洽氛围的保持，从而可以使交流一直保持在舒适、没有压力的状态。

做到这一点要求我们有很高的人际敏锐度，在与客户交流的过程中不断观察客户的反应，再加上日常的不断演练，这方面的能力必然会提升。

在保持融洽氛围温度的基础上，沿着客户愿意和你说话、客户愿意听你说事、客户愿意听你介绍以及客户愿意向你购买这四个步骤，顺利地朝前推进，一步一步地上到台阶的顶端，成为销售冠军。

以上就是本书带给大家的所有内容。

销售是一门高深和复杂的学问，而本书可为销售新手带来一些帮助的要点以及实践技能，对于有一定销售经验的人员，也可以在其中找到一些方法来进一步增强销售技能。

希望通过本书的学习，大家掌握销售人员应当具备的良好心态、与客户打交道的四个步骤以及与客户打交道过程中的基础——融洽氛围的保持。

通过这些技能的掌握，你将成为一个被客户认可和喜欢的销售人员，为成为销售高手打下一个良好的基础。

后　记

如何让从事销售的朋友成为销售高手，是我一直在思考的问题。

回想自己做销售的十几年中，经历过各种各样的事情，有初入销售领域不知如何与客户交流而得罪客户的尴尬，也有后来与客户从容交流并成为合作伙伴的经历，其中充满了各种各样的艰辛、努力以及付出。同时，自己通过不断实践以及思考，总结了一些有效的经验和方法。

加入美国管理协会后，我多次讲授销售技巧的课程，这些课程得到大量培训学员的认可，他们纷纷问我是否有一些渠道能够让他们持续练习，于是产生了写这本书的念头。希望这本书的出版和发行，能够让更多从事销售的朋友从中获益。

培训工作繁忙而辛苦，所以本书的写作历时将近一年，都是利用在机场、酒店以及个人的休息时间进行整理和编写。大量的案例都是我的亲身经历，同时借鉴了许多理论方面的书籍。

总之，我希望用平实的语言，让大家通过这些方法及技巧的学习，再结合自己的经验来提升销售能力。

本书主要介绍与客户打交道的基本技巧，而在与大客户进行复杂性销售的过程中会涉及更多销售策略的运用问题。如何对复杂性销售的客户组织中的每位客户进行定位，结合他们对需求的迫切程度、个人性格分型以及对方案或产品的认可程度来进行系统分析，找到产品的竞争优势，用一套方法论去进行竞争，从而提升复杂性销售的成功率。这些内容将在我的下一本关于复杂性销售的书中有所涉及。

最后感谢大家的阅读，希望这本书可以帮助您实现销售的成功。